LA POLICE MUNICIPALE À PARIS

Histoire et perspectives

COLLECTION « QUESTIONS CONTEMPORAINES »

Chômage, exclusion, globalisation… Jamais les « questions contemporaines » n'ont été aussi nombreuses et aussi complexes à appréhender. Le pari de la collection « Questions contemporaines » est d'offrir un espace de réflexion et de débat à tous ceux, chercheurs, militants ou praticiens, qui osent penser autrement, exprimer des idées neuves et ouvrir de nouvelles pistes à la réflexion collective.

Dernières parutions

Xavier CAUQUIL, *De la peine et des jeux, Anatomie de la société occidentale européenne contemporaine*, 2024.
Jean d'ALANÇON, *La paternité dans tous ses états. Entre philosophie et foi*, 2024.
Robert BIBEAU et Khider MESLOUB, *De l'insurrection populaire à la révolution prolétarienne,* 2024.
Dan E. MØLLER, *Démocratie 2.0. La politique sans partis, l'élection sans candidatures. Pourquoi ? Comment ?,* 2024.
Stéphane SIGNORET, *Sobriété, notre alliée. Dire non à la démesure,* 2024.
David FOREST, *La société algorithmique : Droit, technique, imaginaire, Abécédaire indiscipliné*, 2024.
Jean-Denis DUPUY, *Apprendre à croire. Quatre études*, 2024.
Cédric TANT, *La critique publique, Une pratique de légitimation démocratique des journalistes et des politiques*, 2024.
COPAF, *La transformation des foyers de travailleurs immigrés en résidences sociales*, 2024.
Christophe SCHNITZLER et Iris TRINKLER (coord.), P*ratiques en plein air pour une éducation à la soutenabilité, Philosophies et enquêtes de terrain*, 2024.
Fred BRÛLÉ, *Prédations et coopération entre les êtres vivants. État des lieux des relations planétaires*, 2024.
Gérard BORVON, *Les Tartuffes et le climat*, 2024.
Chantal BOURRY, *Militer avec force et raison*, 2024.
Daniel DUCHER, *Quand le train cherche sa voie. Plongée au cœur du système ferroviaire français*, 2024.

Michel Felkay et Julien Wolikow

LA POLICE MUNICIPALE À PARIS

Histoire et perspectives

Préface d'Anne Hidalgo

L'Harmattan

5-7, rue de l'Ecole-Polytechnique, 75005 Paris
http://www.editions-harmattan.fr
ISBN : 978-2-336-50173-4
EAN : 9782336501734

À tous les policiers municipaux qui se dévouent nuit et jour pour assurer la tranquillité dans les villes et les faubourgs.

Glossaire

AN : Assemblée nationale.

BMO : bulletin municipal officiel.

CGCT : code général des collectivités territoriales.

CSI : code de la sécurité intérieure.

PM : police municipale.

PN : police nationale.

PP : Préfecture de police de Paris

La place croissante de la sécurité dans le débat public, l'évolution de l'insécurité et la volonté des maires de maîtriser les politiques sécuritaires sur leur territoire, ont poussé à la création de polices municipales plus ou moins importantes, fortes, équipées et agissant sous une doctrine d'emploi variant d'une ville à l'autre. Ces dernières font désormais partie du paysage de la sécurité et représentent la troisième force de police française (après la police nationale et la gendarmerie nationale). Auparavant, souffrant d'une image police « amatrice » ou d'une police « de second rôle », les polices municipales ont servi de justification aux lois de 1941 et 1966 réformant l'organisation de la police nationale (étatisation et homogénéisation). À l'ère moderne, à compter du rapport dit « Bonnemaison » (1983), les polices municipales ont acquis une légitimité par leur professionnalisme et leur organisation.

Faut-il pour autant, penser que la France est en train de passer d'un modèle de police étatique, centralisé, à un modèle local ? Les chiffres laissent penser le contraire. Ainsi, en 2020, l'effectif total des policiers municipaux était de 24 221 agents (contre 19 405 en 2012) auxquels s'ajoutaient 701 gardes champêtres et 8 126 agents de surveillance de voie publique). Les effectifs ont augmenté de +18 % entre 2010 et 2018 (contre 3 % pour la police et la gendarmerie nationales).

Néanmoins, si nous considérons la « doctrine d'emploi » des forces de police, la perspective peut changer : la « police de proximité » serait-elle devenue municipale, après avoir été abandonnée par la police nationale ?

Quelle police municipale voulons-nous ? une police d'intervention ou une police de proximité ?

Comment travailler avec la police nationale ? Quelle répartition des tâches faut-il prévoir entre les forces étatiques et celles localement réparties sur le territoire sous l'autorité des maires ou des intercommunalités ?

Autant de questions qui se posent quotidiennement, surtout lorsqu'il s'agissait de préparer les Jeux olympiques de Paris (2024).

La police municipale est sous-estimée. Le rapport parlementaire des deux députés Alice Thourot et Jean-Michel Fauvergue sur le continuum de sécurité (2018) note ainsi que : *« Si les policiers municipaux sont appréciés sur le terrain, nombre d'agents se sentent dans une situation d'infériorité par rapport aux policiers et gendarmes nationaux. Non qu'ils demandent à exercer les mêmes compétences : ils souhaitent cependant être perçus comme une force autre, exerçant des missions propres, et non comme une catégorie inférieure à leurs collègues de l'État »*.

Nous passerons en revue la montée de la police municipale sur le territoire national, mais aussi à Paris, où cette force s'est imposée petit à petit tant dans ses propres missions qu'en complémentarité avec la police nationale.

Préface

C'est avec une immense fierté que je présente cet ouvrage, alors que la police municipale de Paris est devenue, en seulement trois ans, un pilier central de la tranquillité publique de notre capitale. Elle le doit beaucoup à celui qui l'a incarnée depuis le départ avec une immense détermination et une grande intelligence : son directeur, le commissaire général Michel Felkay, que je remercie chaleureusement pour son engagement exceptionnel.

La naissance de cette force locale, qu'il retrace ici avec Julien Wolikow est le fruit d'une décision historique que j'ai prise en février 2019. Ce projet ambitieux trouve ses racines dans mon souhait de répondre à la demande des Parisiennes et des Parisiens pour une présence rassurante au cœur même de leurs quartiers, sans que cette création d'un nouveau service public local soit synonyme de désengagement de l'État.

Je suis heureuse que cet ouvrage retrace avec finesse les débats et les décisions politiques qui ont permis l'émergence de cette police municipale dont Paris était, singulièrement, dépourvue depuis la Commune de Paris pour des raisons historiques et politiques. Avec sa création en 2021, c'est également un élément d'autonomie municipale et de fierté locale qui a été restauré.

Dans un Paris en pleine transformation, la police municipale de Paris doit être une force d'apaisement, de régulation et d'ordre. En complémentarité et non en substitution des fonctionnaires de police nationale, ses agents se consacrent pleinement à la tranquillité publique, garantissant que chaque habitant, chaque visiteur, puisse profiter de la richesse de l'espace public sans crainte, peu importe l'heure et le lieu.

Cette réussite repose sur des choix forts posés dès le départ : une école interne de formation initiale et continue, un comité d'éthique indépendant, une déontologie exemplaire, intégrant dès la formation des agents la lutte contre toutes les formes de discrimination. Et surtout, une doctrine assumée de relation avec la population pour un modèle de police municipale de proximité, déambulant à pied ou à vélo, utilisant tous les outils de la régulation, de la prévention à la répression, en passant par la médiation et la pédagogie.

Alors que se poursuit le développement de la police municipale de Paris – qui a brillamment passé le baptême du feu lors des Jeux olympiques et paralympiques de Paris 2024 – avec l'augmentation de ses effectifs et le renforcement de sa présence dans chaque quartier, cet ouvrage est une ressource précieuse pour comprendre sa singularité dans le paysage des polices municipales en France.

Mon souhait est maintenant que cet ouvrage puisse inspirer d'autres collectivités territoriales en faveur d'une police municipale de proximité, conçue comme un service local aux habitants, car je suis convaincue que ce choix politique est la seule solution viable pour assurer la confiance de la population dans ses institutions et dans le vivre ensemble démocratique.

Anne Hidalgo
Maire de Paris

I
Genèse des polices municipales

Dans un rapport d'octobre 2020, la Cour des comptes estimait que les PM étaient durablement installées comme une composante utile, voire indispensable, de la sécurité publique. Cette importance des PM était déjà reconnue par le rapport parlementaire de 1983 (rapport Bonnemaison). Les Polices municipales représentent plus de 10 % des forces sécurité intérieure, soit 25 466 agents contre 19 370 en 2010 (extrait du discours de la Première ministre le 26 octobre 2023 sur les mesures après les émeutes de juin).

La loi 99-291 du 15 avril 1999 a affirmé et renouvelé leur cadre juridique, reprenant notamment le décret du 24 août 1994 portant statut particulier du cadre d'emploi des agents de police municipale. Malgré cette homogénéisation des statuts, les polices municipales sont autant différentes dans leurs fonctions, leurs équipements, dans leurs domaines d'intervention, qu'il y a de villes possédant une police municipale. C'est le corollaire de la libre administration des collectivités territoriales (art. 72 de la Constitution). La loi du 15 avril 1999 (codifiée au CGCT puis au CSI) donne le cadre moderne des polices municipales, dans un pays où **l'État a le monopole des missions de police, avec une coproduction de sécurité par de multiples acteurs publics et privés (CSI art L 111-1)**. Une circulaire du 20 septembre 2000 apporte plusieurs éclairages sur la conclusion des conventions de coordination, le régime de l'armement et la carte professionnelle des agents de police municipale.

La loi a voulu aussi organiser la filière « police municipale » au sein du centre national de formation de la police territoriale (CNFPT) et prévoir l'autorisation préfectorale nominative de port d'arme, s'agissant notamment des armes à feu.

Par la suite, les agents de police municipale ont été dotés de nouveaux moyens techniques : cinémomètres, sonomètres, vidéo-surveillance, géolocalisation, radio, cartographie informatique, caméras piétons, etc.

Le nombre d'agents de police municipale a grandement varié selon les communes selon qu'elles ont fait le choix de se doter d'une telle force : 70 % des agents font partie d'une PM de 1 à 4 agents, 16,8 % de 5 à 10, 13 % plus de 10 agents. La très grande majorité des forces de police municipales sont constituées de petites équipes, à l'exception notable de grandes villes dotées de plusieurs centaines voire plusieurs milliers d'agents (Paris, Marseille, Nice…).

En outre, l'essentiel des policiers nationaux se trouve dans des communes à forte population.

À ce titre, on ne peut que déplorer que le développement des polices municipales ait entériné un morcellement territorial et exacerbé les différences entre les villes riches et celles qui ne peuvent se payer une police équipée, voire une police municipale tout court. Se pose donc un problème d'égalité devant la sécurité ; certaines communes, les plus riches, équipent leurs policiers locaux et profitent ainsi de leur avantage comparatif pour attirer plus facilement les investisseurs et les habitants. Ces inégalités devant la sécurité nourrissent les défiances politiques vis-à-vis du développement des polices municipales.

Alors que le métier de policier municipal s'est hissé au 7e rang des métiers en tension en 2020 selon le Panorama de l'emploi territorial (FNCDG, 11e éd., sept. 2022), les villes estiment à 11.000 le nombre d'agents qu'elles entendent recruter d'ici 2026. Pourtant, selon l'étude menée par le Continuum Lab et le Centre de recherches politiques de Sciences Po (Cevipof), la confiance des jeunes envers les acteurs des missions de sécurité et de justice est globalement favorable puisque « *en quête de sens et d'engagement au service des autres, les jeunes sont attirés par les métiers de la sécurité et de la justice* ».

Il existe aujourd'hui un réel décalage entre les attendus exprimés au travers des épreuves de sélection des agents de police municipale, épreuves de concours qui sont soit disproportionnées (comme en témoigne l'exemple des épreuves sportives, qui excluent beaucoup de bons candidats du fait d'un barème qui renvoie à des performances exceptionnelles et non à l'endurance), soit décalées par rapport aux compétences professionnelles et opérationnelles réellement attendues une fois en poste. Nous aurons l'occasion, plus avant, d'aborder le sujet.

Quoi qu'il en soit, depuis plusieurs années, la sécurité des citoyens se recentre à l'échelle de la commune. Le recentrage s'est traduit par un accroissement des prérogatives, des obligations et des risques auxquels sont confrontés les policiers municipaux. Or, malgré leur professionnalisation, ces derniers n'ont pas connu d'évolution sociale majeure et il subsiste des différences de situation importantes avec les fonctionnaires d'État.

La LOPMI laisse de côté les polices municipales, hormis une brève référence dans le rapport annexé à la loi (*art. 2.8 du rapport associé à la LOI no 2023-22 du 24 janvier 2023 d'orientation et de programmation du ministère de l'Intérieur)* : *« ... De nombreuses compétences ont été récemment ouvertes aux polices municipales et aux gardes-champêtres dans de précédentes lois (loi du 25 mai 2021 pour une sécurité globale préservant les libertés, loi du 24 janvier 2022 relative à la responsabilité pénale et à la sécurité intérieure). Les polices municipales et les gardes-champêtres jouent un rôle essentiel, aux côtés des forces de sécurité intérieure, pour la sécurité des citoyens... »*

Pour le ministre, cette absence de dispositions spécifiques sur les polices municipales se justifiait par les décisions du Conseil constitutionnel qui limitent l'essor des compétences des agents et Directeurs de police municipale, rendues en 2011 (*Décision n° 2011-625 DC du 10 mars 2011, Loi d'orientation et de programmation pour la performance de la sécurité intérieure*) et 10 ans plus tard dans les quasi mêmes termes (*Décision n° 2021-817 DC du 20 mai 2021 - Loi pour une sécurité globale préservant les libertés*) : faute d'être mis à la disposition des OPJ qui sont, eux, suffisamment reliés à la Justice par une habilitation spécifique, les agents de police municipale, qui dépendent du maire (OPJ de pure théorie), ne pourraient se voir confier des compétences en matière de contrôle d'identité (2011) ou de répression des délits (2021).

Selon le ministre, la loi a donné le maximum des pouvoirs aux polices municipales au regard des exigences constitutionnelles. En réponse à une question d'un député, il donnait des pistes d'envergure : *« si vous voulez donner le pouvoir aux polices municipales, il faut changer la constitution ou donner la police municipale au procureur de la République pour les actions judiciaires »*.

En interne « police municipale », des négociations sur la revalorisation des rémunérations et des retraites sont en cours, au sein de la commission consultative des polices municipales. Cette commission, créée par la loi du 15 avril 1999, est composée pour un tiers de maires ayant des policiers municipaux, un tiers de représentants de l'État et un tiers de représentants choisis par les organisations syndicales. Elle est présidée par un maire élu en son sein (art L514-1 du code de la sécurité intérieure), en l'occurrence, Eric Ciotti, maire de Nice, élu en mai 2023. Elle ne s'était pas réunie depuis juillet 2019.

La Cour des comptes *(rapport thématique, 2020, les polices municipales)* et les députés eux-mêmes regrettent que cette commission ne se réunisse pas plus souvent *(Assemblée nationale, rapport d'information n 1544 du 19 juillet 2023, fait au nom de la délégation aux collectivités territoriales et à la décentralisation, par les députés M. Lionel ROYER-PERREAUT et M. Alexandre VINCENDET)*.

Les décrets « Hortefeux » du 18 novembre 2006 avaient réformé le statut de la police municipale en créant le grade de Directeur de Police municipale de la catégorie « A » au sein de la fonction publique territoriale. Les syndicats de policiers municipaux souhaiteraient aller plus loin, encouragés en cela par les récents travaux parlementaires (rapport cité supra, 19 juillet 2023).

Parmi les revendications, les policiers municipaux demandent une revalorisation des grilles indiciaires, l'intégration des primes dans le calcul de la retraite ou encore une bonification d'un an tous les cinq ans, le changement d'appellation du cadre d'emploi des « chefs de service », dont la dénomination actuelle favorise la confusion (ils voudraient des grades tels que lieutenant, capitaine, commandant comme dans la police). Le système de rémunération apparaît trop contraignant et offre peu de marges de manœuvre aux nombreux employeurs communaux alors même que les polices municipales se font une très forte concurrence entre elles.

Après la signature d'un accord fin mars 2024, permettant aux maires de revaloriser le salaire de leurs agents, ministres, syndicats, élus et procureurs ont commencé, dans le cadre de ce ***"Beauvau des polices municipales"***, à se pencher sur la refonte du statut de ces fonctionnaires. Il n'a en effet pas évolué depuis la loi de 1999 précitée.

Les syndicats de policiers municipaux demandent aussi la création de 3 grades par catégorie, y compris pour les directeurs au niveau A+, le passage des gardiens brigadiers en catégorie B ; sur ce point le ministère de la transformation et de la Fonction publique a répondu à une question écrite au Sénat, le 6 juillet 2023, par la négative. Enfin, ils réclament la création d'une médaille d'honneur spécifique à la police, et surtout, le passage à la catégorie B pour les brigadiers et gardiens de PM.

Certains syndicats demandent des qualifications judiciaires accrues alors que les policiers municipaux sont déjà qualifiés d'« agents de police judiciaire adjoints » (art. 21 du Code de procédure pénale). La Première ministre avait annoncé le 26 octobre 2023 que pour les communes volontaires, elle donnerait la possibilité d'accomplir certains actes de police judiciaire, en lien avec le Parquet. Elle avait ainsi lancé une concertation en vue d'une future de loi.

Dans cette conception, les agents de police municipale seraient alors incités à exécuter des actes d'enquêtes, ce que le Conseil constitutionnel a rejeté en 2011 et 2021 car les policiers municipaux sont fondamentalement liés à l'autorité territoriale et non à l'autorité judiciaire (opposition entre les art. 66 et 72 de la Constitution). En outre, une judiciarisation des fonctions des agents de police municipale impliquerait de définir préalablement le cœur de métier des polices municipales et des forces nationales. On peut penser que si les pouvoirs publics avançaient dans cette voie, la majeure partie des polices municipales s'étatiserait de nouveau (comme en 1941) car les prérogatives de police judiciaire les lieraient à l'État.

En outre, nous ne sommes pas favorables à cette judiciarisation car comme nous l'expliquerons plus loin, c'est empiéter sur les attributions de la police nationale, et donc abandonner notre cœur de métier (la lutte contre les incivilités) au projet d'actes d'enquête dans les bureaux, loin de la police de proximité que nous sommes censés mettre en œuvre.

Il est vrai que les communes, pour 30 % d'entre elles, choisissent de placer à la tête de leur police municipale, des profils de policiers et de gendarmes (ce qui peut avoir tendance à obérer d'autant les perspectives professionnelles des « vrais » directeurs de police municipale, issus de cette filière spécifique).

À Paris, le positionnement d'un commissaire général, à la tête de la Direction de la police municipale et de la Prévention, a eu pour but de donner une expérience, un savoir de la culture policière, mais ne visait ni à prendre la place d'autres Directeurs de police municipale, ni à tomber dans le travers d'une police municipale « avec dimension de police nationale ».

S'agissant de la doctrine d'emploi, il convient de rappeler que, à l'aune du principe de libre administration (art. 72 de la Constitution), chaque collectivité territoriale (commune), voire chaque EPCI, reste libre de choisir sa propre doctrine d'emploi. Dans l'ensemble, les communes sont davantage favorables à recentrer le rôle de la police municipale dans une action de proximité et de contact avec la population (lutte contre les incivilités de nature contraventionnelle, problèmes du quotidien, etc. (liste fixée par les articles L 511-1 du CSI et R 15-33-29-3 du code de procédure pénale) plutôt que celle dite "d'intervention" (flagrant délit et interpellation basés sur l'article 73 du Code de procédure pénale). Si le cadre juridique actuel fixe déjà les missions des agents, il serait intéressant de pouvoir clarifier le rôle des polices municipales dans un contexte où les maires font parfois face à des déports de charges de la part des autres forces de sécurité intérieure, notamment lorsque la police nationale se désengage de certains quartiers ou zones urbaines.

Le sujet de la proximité a toujours été, de manière générale, un objectif municipal : Le maire dans sa commune veut régler les problèmes dits « mineurs » qui peuvent exister, sans avoir affaire aux forces étatiques, d'autant qu'elles sont de moins en moins nombreuses, pour diverses raisons que nous développerons plus loin.

La proximité d'agents connaissant la population et la vie de la ville devient alors essentielle pour satisfaire la population.

Ainsi, dès 1840 en Grande-Bretagne, sont apparus les « bobbies » (du nom de leur fondateur) avec une image très positive : police visible, dynamique et de contact auprès de la population.

Nous verrons, plus loin dans la partie historique, que les sergents de ville circulaient dans leurs ilots parisiens. Ils mettaient en œuvre une nouvelle conception de l'espace qui déplace le centre de gravité du poste de police vers la rue. Dans cette conception, ils habitaient dans leur quartier d'exercice (ce qui n'était pas sans poser quelques problèmes, notamment en matière de risque de représailles de la part des délinquants).

En 1880, on parlera de « gardiens de la paix » ; ceux-ci s'occupent de la gestion des trafics de circulation, avec leur bâton blanc, pour la régulation des véhicules sur la voie publique.

Lors de l'exposition universelle de 1900, on inaugure les policiers à bicyclette.

Lors de la discussion du projet de loi sur les Polices municipales, en 1998, il apparaît dans les débats que ces agents peuvent utilement contribuer à la sécurité de proximité.

Les axes de la politique de police sont alors tournés vers la citoyenneté, la proximité, et l'efficacité. C'est l'époque, en 1997, où Jean-Pierre Chevènement, ministre de l'Intérieur, déploie sa police de proximité pour les policiers. Une véritable doctrine s'écrit et est diffusée avec des postes de police au plus près de la population, dans les grands ensembles, et l'embauche de 20 000 adjoints de sécurité, armés grâce à une formation en trois mois. Cette réforme reprenait le concept d'ilotiers des années 1980.

Il faut à ce stade, distinguer la « police de proximité » et la « police de sécurité », cette dernière s'engageant dans un rapport descendant, du ministre de l'Interieur aux effectifs de police. La « police de sécurité » a pour but l'interpellation des auteurs de délits et de crime, même si des contacts de proximité sont institués par la présence au plus près de la population. Le travail de Jean Pierre Chevènement était basé sur cette notion de « police de sécurité », proche des gens et du « terrain ».

À l'inverse, la police de proximité, telle que la police municipale la pratique aujourd'hui à Paris, se rapproche des espaces et des temps dans lesquels le public évolue quotidiennement, pour répondre aux besoins particuliers de sécurité qui s'y rencontrent. La police de proximité n'a pas pour but d'interpeller les auteurs d'infraction (même si les policiers municipaux peuvent arrêter en flagrant délit) ; elle a pour but la régulation de l'espace public, par tous moyens, y compris la verbalisation, mais aussi la médiation, la dissuasion…

Les modalités de contacts et les finalités sont tout à fait différentes ; d'un côté, il y a nécessité de faire respecter l'autorité régalienne, de l'autre, d'assurer un contact pour la prise en compte par le contrevenant de la nécessité de ne pas commettre l'infraction ou de la réparer.

Le policier municipal de proximité se présente comme celui qui fait comprendre à la personne / au contrevenant que pour le bien de tous (l'intérêt général, l'ordre public), il faudrait mieux qu'il ne fasse pas ceci ou cela, ou qu'il doive réparer ce qu'il a commis (l'exemple des terrasses qui débordent, des déchets qui sont abandonnés, des nuisances sonores qui empêchent les riverains de dormir, etc.). Le policier municipal se place alors comme étant au service de la population qui habite le quartier. Les infractions recherchées, d'ordre contraventionnel, ne sont pas les mêmes. Cet agent est connu de tous et sera présent tous les jours sur le terrain qui lui est attribué.

Les policiers nationaux sont, eux, à la recherche d'infractions criminelles ou délictuelles (plus rarement contraventionnelles) et ont un rapport d'autorité fort avec la population. Nous nous interrogerons plus loin sur le point de savoir si un gardien de la paix peut être dans le rapport amiable, de médiation ou non, ou s'il n'est pas perçu d'emblée comme le fonctionnaire d'autorité qui est craint.

Il y a aussi un enjeu à donner une identité plus forte et plus visible de ce qu'est une police municipale. Cette identité implique précisément qu'elle ne se confonde ni avec la police nationale en zone urbaine, ni avec la gendarmerie en zone rurale. Ainsi, tout en gardant des doctrines d'emploi diversifiées, il y a un intérêt à développer et valoriser ces métiers, mais surtout leur donner une lisibilité (prévention, désescalade, régulation, tranquillité publique, etc.).

Cette montée en puissance des polices municipales a toujours été encadrée par les pouvoirs publics, depuis 1941, voire 1884 ; désormais, à quoi veut-on destiner les polices municipales ? (Voir notamment le dossier spécial de l'AJCT Dalloz, octobre 2023, p. 463 et s).

Les agents de police municipale exercent certaines missions de police judiciaire. Le 2° de l'article 21 du code de procédure pénale (CPP) leur confère la qualité d'agents de police judiciaire adjoints (APJA). À ce titre, ce même article dispose qu'*« ils ont pour mission : de seconder, dans l'exercice de leurs fonctions, les officiers de police judiciaire ; de rendre compte à leurs chefs hiérarchiques de tous crimes, délits ou contraventions dont ils ont connaissance ; de constater, en se conformant aux ordres de leurs chefs, les infractions à la loi pénale et de recueillir tous les renseignements en vue de découvrir les auteurs de ces infractions ; de constater par procès-verbal les contraventions aux dispositions du Code de la route dont la liste est fixée par décret en Conseil d'État ainsi que les contraventions prévues à l'article 621-1 du Code pénal »*.

L'article 21-2 du CPP prévoit que, *« sans préjudice de l'obligation de rendre compte au maire qu'ils tiennent de l'article 21, les agents de police municipale rendent compte immédiatement à tout officier de police judiciaire de la police nationale ou de la gendarmerie nationale territorialement compétent de tous crimes, délits ou contraventions dont ils ont connaissance ».*

Des tentatives d'accroissement des pouvoirs sont intervenues : la Commission nationale de l'informatique et des libertés (CNIL), dans un rapport du 14 août 2014, s'est prononcée négativement sur la possibilité pour les polices municipales d'user des dispositifs de lecture automatisée de plaques d'immatriculation (LAPI). En outre, la loi du 18 mars 2003 pour la sécurité intérieure (art. 108), ne parle que de la possibilité pour les APM de procéder à un « relevé » d'identité et non de « contrôle », réservé à la police et à la gendarmerie nationale, sanctionnant le refus de rester à disposition du policier municipal le temps que l'OPJ rende sa décision sur la gestion de la situation (art 78-6 modifié du code de procédure pénale).

Le rapport parlementaire Bonnemaison (1983), préconisait une utilisation des PM avec **un caractère subsidiaire par rapport aux forces étatiques**, laissant les gardiens ou brigadiers à des taches locales d'exécution.

Ce caractère subsidiaire a été confirmé par le Conseil Constitutionnel dans ses jurisprudences de 2011 et 2021, alors que l'objectif, à l'époque, était de donner la possibilité aux policiers municipaux de procéder à des relevés d'identité ou d'émettre des amendes délictuelles (en matière de stupéfiants, de vente à la sauvette avec saisies, etc.) : *« si les directeurs et les chefs de service de police municipale doivent, pour être habilités à exercer leurs missions de police judiciaire, suivre une formation et satisfaire à un examen technique selon des modalités déterminées par décret en Conseil d'État, il n'est pas prévu qu'ils présentent des garanties équivalentes à celles exigées pour avoir la qualité d'officier de police judiciaire.* ***Il résulte de tout ce qui précède que, en confiant des pouvoirs aussi étendus aux agents de police municipale et gardes champêtres, sans les mettre à disposition d'officiers de police judiciaire ou de personnes présentant des garanties équivalentes, le législateur a méconnu l'article 66 de la Constitution (indépendance de l'autorité judiciaire / à l'autorité du maire)*** *». (Décision n° 2021-817 DC du 20 mai 2021).*

L'article 1er du projet de loi « sécurité globale » fixait le cadre d'une expérimentation, prévue pour une durée de cinq ans, visant à renforcer les prérogatives judiciaires des agents de police municipale. La liste limitative d'infractions concernées par l'expérimentation incluait, outre la vente à la sauvette (article 446-1 du Code pénal) et la consommation de produits stupéfiants (article L. 3421-1 du code de la santé publique), la conduite sans permis (article L. 221-1 du Code de la route), la conduite dangereuse (article L. 236-1 du même code), la conduite sans assurance (article L. 324-2 du même Code de la route), l'entrave à la circulation routière (article L. 412-1 du même code), l'occupation illicite de hall d'immeuble (article L. 126-3 du code de la construction), la violation de domicile lorsque le local appartient à une personne publique (article 226-4 du Code pénal), la destruction, dégradation ou détérioration d'un bien appartenant à autrui (article 322-1 du même code), l'installation en réunion, en vue d'y établir une habitation, sur un terrain appartenant à une commune (article 322-4-1 du même code) et, enfin, le port ou le transport d'armes de catégorie D dont le transport sans motif légitime est interdit (3° des articles L. 317-8 et L. 317-9 du CSI).

À ces infractions constitutives de délits intentionnels, pouvaient s'ajouter, dans les mêmes conditions, plusieurs contraventions, dont la liste devait être fixée par décret en Conseil d'État, relatives aux débits de boissons, à la lutte contre l'alcoolisme, à la répression de l'ivresse publique et à la protection des mineurs. Le paragraphe IV leur confiait un pouvoir de saisie des objets ayant servi à la commission de certaines infractions sur la voie publique ou qui en sont le produit, et pour lesquelles la peine de confiscation de l'objet est prévue. Étaient à ce titre visées les infractions mentionnées aux 1° et 7° du paragraphe V de l'article 1er, à savoir le délit de vente à la sauvette et le délit d'usage de stupéfiants.

Devant le Conseil Constitutionnel, les députés et sénateurs requérants ont soutenu que ces dispositions contreviendraient au principe de placement de la police judiciaire sous la direction et le contrôle de l'autorité judiciaire qui résulte de l'article 66 de la Constitution. Les députés requérants ont fait valoir que « les pouvoirs conférés aux agents de police municipale et gardes champêtres ainsi qu'aux directeurs et chefs de service de police municipale nécessiteraient, eu égard à leur importance et à la gravité des délits entrant dans le champ de l'expérimentation, des garanties justifiant d'en réserver la mise en œuvre à des officiers ou à des agents de police judiciaire ». Ils dénonçaient par ailleurs l'absence de procédure adaptée au cas où le procureur de la République leur demanderait d'accomplir des compléments d'enquête.

Les sénateurs ont critiqué le fait que les directeurs et les chefs de service de police municipale, sous l'autorité desquels ces agents sont placés, ne seront pas mis à la disposition des officiers de police judiciaire, quand bien même ils bénéficieraient d'une habilitation personnelle délivrée par le procureur général près la cour d'appel. Selon eux, cette habilitation, qui peut toujours être retirée ou suspendue, ne constituerait en tout état de cause pas une garantie suffisante au regard de l'article 66 de la Constitution.

Allant en ce sens, le Conseil Constitutionnel, a jugé que, *« en confiant des pouvoirs aussi étendus aux agents de police municipale et gardes champêtres, sans les mettre à disposition d'officiers de police judiciaire ou de personnes présentant des garanties équivalentes, le législateur a méconnu l'article 66 de la Constitution. Par suite, sans qu'il soit besoin d'examiner les autres griefs, l'article 1er doit être déclaré contraire à la Constitution. »*

Dans le prolongement de ces généralités, il nous faut maintenant revenir à la genèse des polices municipales, et particulièrement à Paris.

II
Une histoire controversée : la Police municipale à Paris. Analyse de son évolution au travers des débats au Parlement et au Conseil de Paris

Introduction historique

Du Moyen Âge à nos jours, l'histoire des institutions parisiennes est dominée par la volonté du pouvoir central de limiter les possibilités d'expression autonome et d'action du corps municipal parisien, et d'une population jugée rebelle voire violente, au moins depuis la révolte d'Etienne Marcel (1358). La centralisation française fait en effet de la Capitale un enjeu essentiel pour la stabilité des institutions nationales. Il faut attendre la fin du XXe siècle pour que, dans le cadre d'une démocratie apaisée, la capitale se rapproche, et encore pas complètement, du droit commun.

Le ministre de l'Intérieur Waldeck Rousseau, en 1883, exprimait que : *« recherchez les journées qui ont changé à Paris la forme du gouvernement, thermidor, brumaire, les journées de juillet, vous verrez qu'il n'y a jamais eu à Paris une révolution politique sans qu'elle soit devenue une révolution dans toute la France ».* On verra que c'est pendant la période révolutionnaire qu'on institue la fonction de préfet, héritier du lieutenant de police, créée en 1667.

La prise en main du pouvoir central sur la Capitale n'est pas propre à la France. Par exemple, aux États-Unis d'Amérique, le président peut requérir l'ensemble des services de police du district fédéral de Washington.

Paris fait l'objet de toutes les attentions, non seulement du fait des révolutions passées, mais aussi parce que Paris est le siège des institutions nationales, avec de nombreuses représentations et délégations étrangères. La nature des problèmes appelle aussi à un pouvoir d'action spécifique : la capitale attire de nombreux touristes, engendre du stationnement gênant, mais aussi la présence d'étrangers en situation irrégulière, des SDF, etc.

La police municipale, instaurée en décembre 1254 sous le nom de « guet de Paris », a été dissoute en 1800 et remplacée par la préfecture de police (an VIII). Elle ne fut officiellement recréée qu'en 2021 sur autorisation de la loi du 25 mai 2021. Entre temps, jusqu'en 1966, la Préfecture de police de Paris se présentait comme une « police municipale ». Même après cette date, le préfet de police était présenté comme un représentant de la municipalité, d'où sa présence mensuelle au Conseil de Paris.

La première surveillance de Paris fut exercée de nuit et réalisée par des volontaires.

Emprunté à la Grèce puis à l'Empire romain, le système de surveillance des villes s'étend à la Gaule. **Le « guet » était une institution romaine** : c'était la surveillance de nuit dans les villes.

Saint Louis, sur la demande des maîtres des métiers parisiens, leur permit, en 1254, de « faire le guet » pour la sûreté de leurs corps et biens, pour remédier aux maux qui survenaient toutes les nuits dans la ville, tant par le feu, vols, larcins, violences, ravissements de femmes, enlèvements de meubles par locataires pour frustrer leurs hôtes.

Les bourgeois de Paris fournissaient, tous les jours, un certain nombre d'hommes déterminé par le prévôt de Paris ; c'était le « *guet assis* », qui formait des corps-de-garde fixes.

Le guet royal quant à lui, faisait les rondes. Ces deux corps étaient commandés par le chevalier du guet, placé sous l'autorité du prévôt et qui logeait à l'hôtel du Chevalier-du-Guet. Ce service commençait à l'heure du couvre-feu et se terminait au lever du soleil.

Les hommes de guet assis étaient donc placés à poste fixe, dans des guérites, dans toute la ville, pour la durée de la nuit. Chaque poste comptait six hommes et il y avait 8 postes en tout :

1. un au Châtelet pour la surveillance des prisonniers,
2. autour du Châtelet pour empêcher les évasions,
3. dans la cour du palais de l'île de la Cité pour veiller sur les reliques de la Sainte-Chapelle et participer à la protection de la résidence du roi,
4. près de l'église de la Madeleine-en-la-Cité,
5. sur la place aux Chats (actuellement impasse des Bourdonnais),

6. à la fontaine des Innocents,
7. sous les piliers de la place de Grève,
8. le dernier porte Baudoyer, le siège actuel de la police municipale parisienne.

Pour assurer un bon fonctionnement de ce dispositif, le chevalier du guet disposait :

- de douze sergents (les *sergents de la douzaine*), pour le guet de jour ;
- de vingt sergents à pied et de douze sergents à cheval, pour le guet de nuit, les sergents à cheval effectuant des rondes de poste à poste, vérifiant que les bourgeois étaient bien à leur poste.

Cependant, le guet des métiers était mal organisé, et le roi a dû ordonner es réformes au XIVe siècle (création des concierges par exemple). En 1461, une garde bourgeoise est créée pour les occasions exceptionnelles, notamment pour faire face aux émeutes.

En juin 1467, Louis XI réorganisa la milice parisienne qu'il divisa en soixante compagnies. Les lettres patentes contenaient la distribution des bourgeois, marchands et artisans (charpentiers par exemple), sous certaines bannières, pour la garde et la sûreté de la ville de Paris.

Le tour de garde revenait à peu près toutes les trois semaines et le guet des métiers, à cette époque, devait réunir, chaque soir, à peu près soixante hommes pour tout Paris, dans les limites de l'époque.

Cependant, l'efficacité des bourgeois était médiocre : une des raisons du manque d'efficacité de ce guet bourgeois était le manque d'attrait de la fonction : celle-ci était obligatoire, **mais non rémunérée ;** chaque métier devait faire le guet une fois en trois semaines, les hommes étant obligés de passer la nuit, éveillés et à reprendre le travail le lendemain, jusqu'à l'âge de soixante ans. C'est pourquoi, progressivement, des exemptions ont vu le jour, pour les boiteux, les fous, les maris dont les femmes « étaient en mal d'enfants », les hommes qui avaient été saignés dans la journée et les sexagénaires. Pour ces raisons de droit et de fait, on s'achemina progressivement vers la suppression du guet.

Paris, comme à l'heure actuelle, était regardée ; capitale du royaume, prééminence démographique, politique et économique, Paris s'est très vite vue conférer un caractère de symbole en matière de police.

Cette exigence est énoncée en 1567 par le roi Charles IX, puis confirmée par ses successeurs en particulier Louis XIV. Les études démographiques montrent que Paris, à la fin du XVIIe siècle, approche les 500.000 habitants et dépasse les 600.000 en 1790. Il fallait donc professionnaliser la surveillance de la ville et abandonner le principe du volontariat.

La garde bourgeoise comme le guet des métiers sont supprimés en 1559 et remplacés par un **guet de professionnels** ; deux cent quarante archers, dont trente-deux à cheval. En 1563, ces effectifs passent à cinq cents archers, dont cent à cheval.

En 1667, Gabriel Nicolas de La Reynie est placé à la nouvelle fonction de lieutenant général de police. Il a sous son autorité le guet royal. En 1688, un uniforme est donné au guet.

LOUIS XIV - ÉDIT DE CRÉATION DE L'OFFICE DE LIEUTENANT DE POLICE DE PARIS (15 mars 1667) (extraits)

« Notre bonne Ville de Paris étant la Capitale de nos États, et le lieu de notre séjour ordinaire, qui doit servir d'exemple à toutes les autres Villes de notre Royaume, nous avons estimé que rien n'était plus important, que de bien établir la Justice et la Police. Nous avons donné nos directives vis-à-vis de ces deux sujets. Elles ont été appliquées avec tant de succès, plusieurs défauts de la police ont déjà pu être corrigés, que chacun aide volontiers pour la perfection d'un si grand ouvrage.

Cependant, il est nécessaire que la réforme que nous organisons soit soutenue par des Magistrats. En effet, comme d'une part, les fonctions de la Justice et de la Police sont souvent incompatibles et d'autre part, leurs champs sont très étendus, il est impossible que cela soit bien exercé par un seul officier dans Paris. Nous avons estimé qu'il était plus judicieux de les partager. L'administration de la Justice, contentieuse et distributive, qui requiert une présence dans de nombreux endroits et une application constante, soit pour régler les affaires des particuliers, soit pour l'inspection qu'il faut avoir sur les personnes demande un Magistrat tout entier. En outre, la Police, qui consiste à assurer la tranquillité publique et des particuliers, purger la ville des responsables des désordres, procurer l'abondance et à faire vivre chacun selon sa condition et son devoir, demande aussi un Magistrat pour elle qui puisse être présent intégralement.

C'est par les causes établies dans ce premier paragraphe et par d'autres considérations, en affirmant notre science, pleine puissance et autorité royale que nous avons arrêté et supprimé l'Office de Lieutenant civil de Prévôté de Paris. Aucun prétexte, occasion ou cause ne pourra rétablir ou créer à nouveau cet Office.

Désormais, nous avons créé et établissons deux Offices de Lieutenants de Prévôt de Paris. L'un sera nommé et qualifié « Conseiller et Lieutenant civil du Prévôt de Paris » et l'autre « Conseiller et Lieutenant du Prévôt de Paris pour la Police. Les charges remplies et exercées par ces deux différents Officiers ne sauraient être réunies pour aucune cause ou aucun prétexte.

Il appartiendra au Lieutenant civil la réception de tous les Officiers du Châtelet, de l'ensemble de la connaissance de toutes actions personnelles, réelles et mixtes, de tous contrats, testaments... et de toutes autres matières concernant la Justice contentieuse et distributive de l'intérieur de la ville, du Prévôté et Vicomté de Paris. Les fonctions auront la même forme et manière que les précédents Lieutenants civils ont eu droit et pouvoir de faire (dans les mêmes chambres et sièges, et avec les mêmes officiers), à l'exception toutefois des matières concernant la Police.

Le Lieutenant civil et celui de Police se précéderont dans toutes les Assemblées générales et particulières sans exercer de subordination ou autorité en elles et tout au contraire, en exerçant leurs fonctions séparément et distinctement chacun en ce qui les concernera.

Le Lieutenant de Police aura la charge de :

La sûreté de la ville, du Prévôté et Vicomté de Paris, du port des armes prohibées par les ordonnances, du nettoiement des rues et places publiques, donnera les ordres nécessaires en cas d'incendie ou d'inondation, connaîtra pareillement toutes les provisions nécessaires à la subsistance de la ville, du taux et des prix de l'icelle, d'envoyer des commissaires et autres personnes nécessaires sur les rivières dont les conduites de celles-ci à Paris, comme le faisait auparavant... Il réglera les étaux des boucheries et leurs attributions, ira visiter les lieux mal famés tels que les halles, les foires, les marchés, les hôtelleries, auberges... Il aura connaissance des assemblées illicites et tumultueuses.

Le Lieutenant de Police siègera dans le Châtelet, dans la chambre appelée Chambre civile. Il y écoutera les rapports des Commissaires et y jugera tout ce qui se rapporte à la police, tous les jours de la semaine ou les jours où il le jugera nécessaire. Il aura en outre, la disposition d'une autre petite chambre à côté.

Les Lieutenants civils et de Police jouiront, chacun à leur égard, des mêmes droits, avantages, honneurs et prérogatives dont jouissaient précédemment les Lieutenants civils. Les nouveaux titulaires de ces fonctions seront reçus officiellement au Parlement et installés dans leur siège de la manière habituelle.

Nous nous réservons la libre et entière disposition des charges, pour en disposer quand bon nous semble, en remboursant aux personnes nommées pour occuper ces charges, les sommes convenues avec elles et scellées par notre Chancellerie. »

Réalisé à Saint-Germain-en-Laye au mois de mars en 1667

Nommé par le roi, le lieutenant général de police est révocable par lui. Il gère la propreté de la ville, le contrôle du port d'armes, la gestion des incendies et des inondations, l'approvisionnement, l'activité des corporations. Il a autorité sur les commissaires et a reçu pour mission de « purger la ville de tout ce qui peut causer des désordres » : doté de pouvoirs quasi illimités, il dirige également le Bureau des lettres de cachet et des prisons d'État.

Ainsi, le lieutenant général de police devient l'un des plus puissants personnages de l'État. Nicolas de la Reynie définissait la police comme consistant à assurer le repos du public et des particuliers, à protéger la ville de ce qui peut causer des désordres. En 1882, une rue de la Reynie, près de l'actuel forum des halles, est ainsi baptisée en sa mémoire. La 25e promotion des commissaires de police a pris son nom en 1975. Ce fut également le nom de la première promotion de gardiens brigadiers de la police municipale parisienne (2021-2022). Tout comme l'a été la promotion Nicolas Delamare ; commissaire de police au châtelet en 1667, qui a exercé parmi les effectifs de Nicolas de la Reynie. On lui doit notamment un traité de la police qui insiste sur le rôle de « protéger le bonheur de l'homme » ; il y détaille le contrôle de la voirie ainsi que la tranquillité des Parisiens. Le but ultime, écrit-il, est *« le bonheur des peuples étroitement associé au bien et au repos de l'État »*. Concilier les deux aspects est un enjeu récurent du droit public et, notamment, du droit pénal.

Les charges du guet étaient vénales, le personnel était recruté parmi **d'anciens soldats**. Des commissaires, répartis entre les 17 (puis 20) quartiers de Paris, rendent compte quotidiennement de leur activité auprès du lieutenant général qui dispose d'un réseau d'indicateurs (les « mouches ») et peut aussi requérir la maréchaussée (corps militaire chargé de la police et de la justice aux armées, ancêtre de la gendarmerie) et la garde de Paris (environ un millier de soldats). Cette organisation policière **produit des effets remarquables contre la criminalité** et se voit étendue à toutes les grandes villes du royaume. Elle va perdurer jusqu'à la Révolution de 1789.

Paris, sous Louis XIV, devient la ville la plus propre d'Europe.

La Reynie instaure l'éclairage public (6.500 lanternes sont installées dans la capitale), les premières règles de circulation et de stationnement, le pavage des rues et l'adduction d'eau.

Avant 1667, par sécurité, chaque personne marchant dans les rues de Paris, la nuit, devait être porteur d'une lanterne. Des guetteurs, appelés « veilleurs de nuit », accompagnaient les passants jusqu'à leur domicile, munis de lanternes numérotées par la police.

Le dernier chevalier du guet fut Augustin Jean-Baptiste Choppin de Goussangré, mort le 27 janvier 1733.

En 1750, le guet disparaît.

En 1752, Antoine Sartine achète la charge (ou l'office) de lieutenant criminel au Châtelet, puis il est nommé lieutenant général de police de Paris en 1759. Excellent administrateur, Antoine de Sartine se préoccupe de problèmes d'hygiène, d'approvisionnement et de police durant sa lieutenance générale. Il va améliorer l'approvisionnement de la capitale en faisant construire une halle aux blés ; **il fait installer des lanternes à réverbère** pour améliorer la sécurité publique ; il instaure des maisons de jeu surveillées par ses agents et taxées, au lieu des établissements clandestins existants.

Avec la Révolution française, et dès le 13 juillet 1789, la garde nationale de Paris se constitue et assure la sécurité intérieure et extérieure de la ville.

Après le 14 juillet, la commune de Paris procède à l'élection d'une municipalité qui crée elle-même, le 25 juillet, un comité provisoire de police, sûreté et tranquillité. Une loi du 27 juin 1790 réorganise la police parisienne en plaçant à la tête des 48 sections **un commissaire de police élu**, chacun étant assisté par 16 commissaires de section également élus. Ceux-ci deviennent bientôt des **officiers de paix tandis que les commissaires de police sont placés sous les ordres directs du maire (Jean Sylvain Bailly). Il s'agit encore d'un pouvoir municipal, mais plus pour longtemps.**

La loi du 21 mai 1790, votée après une période provisoire, institue une municipalité élue au suffrage universel, selon une procédure compliquée. Jean Sylvain **Bailly est le premier maire de Paris.**

En août 1792, la commune révolutionnaire prend le contrôle de l'Hôtel de Ville.

Devant l'intensification des troubles et les luttes de pouvoir, le comité de sûreté générale, puis le comité de salut public réorientent le travail de la police vers la lutte contre les "suspects", c'est-à-dire tous citoyens aux sentiments révolutionnaires douteux qu'il convient de présenter au tribunal révolutionnaire *(décret du 17 septembre 1793 relatif aux gens suspects, dit Loi de Prairial).*

Après le 9 Thermidor an II (27 juillet 1794), **le pouvoir central cherche à reprendre en main l'administration parisienne.** Les libertés municipales parisiennes se trouvent désormais fortement limitées. La loi du 11 octobre 1795 (19 vendémiaire an IV) supprime la mairie de Paris, organise douze municipalités d'arrondissement et confie l'administration de la ville à cinq administrateurs du département de la Seine.

Le ministère de la Police générale est créé par la loi du 2 janvier 1796, dont le but est de lutter contre l'insécurité généralisée. **Les législateurs veulent une police forte pour remédier aux troubles révolutionnaires** persistants qui ne peuvent que déstabiliser un régime politique divisé et faible (le Directoire).

Quelques mois plus tard (3 brumaire an IV, 25 octobre 1795*), un code des délits et des peines est promulgué dont un article dispose que " la police judiciaire recherche les délits et les crimes... en* *rassemble les preuves et en livre les auteurs aux tribunaux"*. Toutefois, cette nouvelle législation reste très théorique.

Après le coup d'État du 9 novembre 1799 (18 brumaire an VIII), la loi du 17 février 1800 (28 pluviôse an VIII, art 16 et 17) confirme **la mise sous tutelle de Paris** et dessine dans ses grandes lignes l'administration de la ville pour plus d'un siècle, **instaurant le régime préfectoral et désignant comme responsables de l'administration le préfet chargé de Paris et le préfet de police de Paris**, représentants de l'État.

Dès sa prise de pouvoir, Bonaparte s'attache en effet, à réformer l'État. À Paris, siège de tous les coups d'État et révolutions, il met en place une **puissante préfecture de police**, héritière de la lieutenance de police. Le préfet de police a en charge la police criminelle de droit commun, la police administrative et la police de renseignement (art 17 de la loi du 17 février 1800). Son principal objectif est d'étouffer toute velléité de rébellion contre le pouvoir central.

Il y a alors un quadrillage administratif très serré qu'autorise la nouvelle organisation. Le recours à des **indicateurs rémunérés** et la pratique du "cabinet noir" entraînent un afflux très important de renseignements. Les **fichiers font leur apparition**. Un bulletin quotidien est rédigé à l'attention du consul puis de l'Empereur.

Avec la loi du 12 mars 1800, les sergents de Paris sont institués auprès du Préfet de police Belleyme. Portant tricorne et épée, ils sont chargés de veiller à la paix publique et constituent la première force de police en uniforme du monde. Ces sergents de ville, dont les plus méritants peuvent être **promus brigadiers (grade créé en 1830), sont placés sous les ordres d'officiers de paix** qui répondent eux-mêmes à ceux d'un commissaire appelé « chef de la police municipale » à Paris.

Les départements, cantons et communes ne sont pas des nouveautés ; en revanche les districts sont remplacés par des arrondissements moins nombreux, donc plus vastes.

Chaque département est administré par trois organes :

- Le préfet ;
- Le conseil général de département ;
- Le conseil de préfecture.

Le préfet doit jouer un rôle important, dans la mesure où l'article 3 de la loi dispose que « Le préfet sera chargé seul de l'administration ».

Chaque commune dispose d'un maire nommé, et d'un adjoint. À partir de 5 000 habitants, la commune a en outre un commissaire de police. Au-delà de 10 000 habitants, le nombre d'adjoints et de commissaires augmente graduellement et il y a un commissaire général directement soumis au préfet.

Pour Paris, la loi fixe un régime particulier. En 1795, la capitale est divisée en douze arrondissements, chacun ayant à sa tête un maire et deux adjoints, ainsi qu'un commissaire de police.

Paris dans son ensemble n'a pas de maire ; le pouvoir préfectoral est partagé entre un préfet de la Seine (disparition votée par la Loi n° 64-707 du 10 juillet 1964 portant réorganisation de la région parisienne et effective en 1968 avec l'intronisation du boulevard des Maréchaux et du périphérique) et un préfet de police. Le conseil général de la Seine assure les fonctions du conseil municipal des autres communes.

En 1860, le nombre d'arrondissements de Paris passe de 12 à 20 (loi du 16 juin 1859 et décret du 1er novembre 1859).

Le décret du 9 février 1859, « relatif à l'extension des limites de Paris » en règle les procédures et le calendrier. Des enquêtes publiques sont prévues dans les communes et les arrondissements parisiens, avant les votes des différents Conseils. Dans huit communes sur les 17 consultées de l'arrondissement de Saint-Denis, 316 déclarations individuelles ont été enregistrées, dont 43 favorables et 197 opposées au projet. La résistance n'est donc pas négligeable. Les oppositions les plus fortes viennent de La Villette dont le conseil municipal s'était prononcé avant même d'avoir reçu l'enquête préfectorale, et de Bercy dans l'arrondissement de Sceaux. Les craintes concernent le déplacement de l'octroi aux fortifications qui va renchérir les coûts des matières premières et l'effacement de l'identité et des intérêts propres des communes. La loi sur « l'extension des limites de Paris » devient effective à partir du 1er janvier 1860. Elle veut « faire de Paris une ville une » en l'étendant jusqu'aux fortifications. Paris double sa superficie et gagne près de 350 000 habitants et passe de 12 à 20 arrondissements. L'exposé des motifs de la loi rappelle les nécessités de l'annexion :

- Faire profiter la ville des ressources de l'industrie et du commerce développées dans la « petite banlieue » ;
- Faciliter la circulation des biens et des personnes en déplaçant les barrières d'octroi aux fortifications ;

- Faire de Paris une capitale moderne et assainie, digne de l'Empire.

Au fil des discours et des rapports, les représentations de la « zone annexée » se modifient, et d'agglomérations « véritables parasites qui vivent de la vie des villes sans en supporter les charges » car placées au-delà du mur d'octroi, elles sont devenues essentielles

Par arrêté du préfet de police du 7 septembre 1870, les sergents de ville changent de nom ; **ils deviennent des gardiens de la Paix publique**. Leur uniforme est modifié, le bicorne est remplacé par le képi. En 1871, Jules Ferry met à disposition de la préfecture de police la caserne de la Cité pour en faire son siège. Cette caserne ayant été bâtie sur l'emplacement de l'ancien marché aux volailles de Paris, le sobriquet de « poulet » est alors donné aux policiers.

Le 30 décembre 1907, naissent donc **douze brigades régionales de police mobile**, chacune placée sous l'autorité d'un commissaire divisionnaire assisté de trois commissaires de police et dix inspecteurs. Tous officiers de police judiciaire, ils sont rattachés à la sûreté générale du ministère de l'Intérieur, érigée en service autonome depuis 1887.

L'efficacité de ces brigades mobiles fait leur gloire. Elles sont très vite surnommées les « **brigades du tigre** », surnom politique de Clémenceau en raison de leur ténacité.

Ces brigades font immédiatement appel aux **techniques de police scientifique** (dactyloscopie, analyses toxicologiques, balistique, etc.).

C'est la Ve République qui, finalement, va permettre à la capitale de retrouver de plus grandes prérogatives municipales.

En 1966, la loi n° 66-492 du 9 juillet 1966 portant organisation de la police nationale intègre les agents de la préfecture de police au sein de la police nationale, tout en conservant l'autonomie de la Préfecture de Police (elle relève directement du ministre de l'Intérieur et non de la hiérarchie policière centrale).

Le pouvoir gaulliste avait conservé les structures parisiennes héritées de l'Empire. L'alternance centriste (mai 1974) a opéré un mouvement de décentralisation, sous l'effet des aspirations démocratiques et des changements urbains : construction du boulevard des maréchaux et du périphérique, qui ont coupé Paris de la banlieue (disparition du département de la Seine en 1968 et volonté de l'État de ne plus gérer directement les affaires parisiennes).

L'importante loi du 31 décembre 1975 recrée le poste de maire de Paris, disparu depuis 1871 (Étienne Arago et Jules Ferry) (lors de la_Commune de Paris). Elle dote Paris d'un double exécutif élu et nommé, le maire et le préfet de police. Par la suite, à compter de la loi du 26 décembre 1986, les pouvoirs de police du Maire de Paris vont aller grandissant, alors que la compétence de principe de la police à Paris reste, en principe, du ressort du Préfet de police.

Hôtel de Ville de Paris (Adobe Stock)

L'article 97 de la loi communale du 5 avril 1884, devenu l'article L 2212-2 du code général des collectivités territoriales confie aux maires la police administrative générale qui consiste à assurer sur le territoire de leur commune, le bon ordre, la sûreté, la sécurité et la salubrité publique.

Mais les pouvoirs de police à Paris ont toujours représenté un modèle dérogatoire. Il existe un partage des pouvoirs entre le maire de Paris et le préfet de police. Ce dernier dispose d'une double autorité ; comme tout préfet de département, il exerce les responsabilités régaliennes en matière de sécurité intérieure et de sécurité civile. Ensuite, tenant à son statut propre, il exerce en plus, l'essentiel des pouvoirs de police municipale qui appartient pourtant dans le droit commun aux maires, en tant qu'autorité de leurs communes.

Le maire de Paris à l'inverse, depuis 1986, ne dispose pour sa part que de compétences d'attribution dans des matières limitativement énumérées dans le code général des collectivités territoriales et autres textes nationaux (notamment le code de procédure pénale et le code de la santé publique).

C'est ainsi qu'à Paris, l'exercice de cette police administrative relève de principe du Préfet de police (art L 2512-13 du CGCT). Le préfet de police détient plus de 50 polices spéciales en lieu et place du maire.

On verra qu'au fur et à mesure, depuis la loi du 29 décembre 1986, le maire a récupéré de nombreux pouvoirs de police qu'il exerce seul ou en coordination avec le Préfet de police (parcs et jardins, cimetières, foires et marchés, domaine public, etc.).

Il est donc nécessaire de faire un focus sur la Préfecture de Police de Paris dans l'histoire.

II-1. Histoire de la police à Paris

Les limites révolutionnaires de Paris, avec 12 arrondissements, ont été fixées par la loi du 19 vendémiaire an IV (11 octobre 1795).

La Préfecture de police a été créée en 1800 sur le modèle de la lieutenance générale de police (créée en 1667 et abolie en 1789) : institution sans pareille en France, combinant police d'État, police municipale (art. 21 à 34 de l'arrêté des consuls du 1er juillet 1800) et même police judiciaire. Le poste de préfet de police était placé au sommet de la hiérarchie préfectorale, devant même les hauts postes de police nationaux.

Le chef de la « police municipale » parisienne était ainsi considéré comme le « maire du Palais ».

La Préfecture de police a survécu à tous les régimes impériaux, monarchiques et républicains du fait de son efficacité (supposée) et de son modèle intégré, comme l'évoquait en 2022 l'ex Préfet de police en activité de 2019 à 2022 :

> *« La Préfecture de police a été imaginée pour que l'ensemble des forces actives soit concentré aux mains d'un seul homme. En 1800, Napoléon crée la préfecture de police en réaction à la Terreur révolutionnaire. L'objectif du Premier consul est d'empêcher que les sections de la Commune de Paris continuent de faire et de défaire le pouvoir. Napoléon les désarme. De fait, il désarme Paris...*
> *Les symboles parlent : sur le parvis de l'Hôtel de Ville, on peut encore voir la statue équestre du prévôt des marchands de Paris, Étienne Marcel. Au Moyen Âge, il avait essayé de lancer les forces communales contre le pouvoir central.*
> *Avec Napoléon et les régimes qui lui ont succédé, c'est désormais le préfet de police qui dispose de la force pour protéger les institutions gouvernementales. Pour qu'elles ne soient plus à la merci de l'insurrection parisienne. La préfecture de police est un modèle d'organisation forgé pour répondre aux crises sociales et politiques brutales.*
> *C'est unique. La préfecture de police des Bouches-du-Rhône n'a de commun avec la préfecture de police de Paris que son appellation. En rien les mêmes pouvoirs.*
> *L'efficacité de la préfecture parisienne tient précisément à la concentration des moyens dans les mains d'un seul homme. Le préfet de police a une vision transversale de toutes les questions de sécurité. Il a sous son autorité tous les moyens de police, y compris les sapeurs-pompiers, qui sont des militaires. C'est d'abord une autorité de police. Ce n'est pas le cas des préfets en province. La police judiciaire n'est pas de leur ressort. Ni la police « migratoire ».*
> (*L'ordre nécessaire*, Didier Lallement avec Jean Jérome Bertolus, ed Robert Lafont, 2022, p. 165 et s).

L'institution de la Préfecture de Police a été critiquée dès son avènement : notamment lors des débats sur le statut du département de la Seine *(débats à la chambre des députés, 13 janvier 1834, Louis Hector Le Pelletier d'Aunay, de la majorité conservatrice, p. 619 : « je ne reconnais pas le municipal dans la personne du préfet de police, qui demeure étranger à l'administration civile, qui ne surveille ni l'état des citoyens, ni l'instruction, ni les arts ; qui n'est pas chargé du soin de secourir la misère, et qui n'est qu'un ordonnateur secondaire de la minime fraction de dépenses assignées aux besoins de son service)*. La littérature spécialisée écrit également qu'en 1870, on note détestation générale de la préfecture de police à cause de l'arbitraire qu'elle représente et à cause de l'usage généralisé des violences policières. Ses agents sont craints pour leur grossièreté et leur intempérance qui les pousse à la brutalité (*Histoire et patrimoine de la police parisienne, Didier Sapaut, éd. Massin, p. 49).*

Pour autant, malgré ces critiques, **la Préfecture de police a étendu ses compétences dans les nouvelles limites de Paris définies par la loi du 16 juin 1859** : avec cette loi, onze communes ont été intégralement annexées à Paris en 1860 (Auteuil, Batignolles-Monceau, Belleville, Bercy, Charonne, Grenelle, La Chapelle, La Villette, Montmartre, Passy, Vaugirard), ainsi que des portions de territoire prélevées sur les communes de Neuilly, Clichy, Saint-Ouen, Aubervilliers, Pantin, Montrouge, Vanves et Issy.

Cette « extension ou annexion » était notamment justifiée par le souhait de garantir la sécurité dans la « zone » qui était située entre le mur d'octroi de Paris (crée en 1770) et les fortifications militaires (construites en vertu de la loi du 3 avril 1841) (*voir le « rapport à l'Empereur » du ministre Claude Alphonse Delangle, 12 février 1859, dénonçant « les existences douteuses et les industries suspectes » de la « zone » ; également le projet de loi, p. 180.*), puis la sécurité en proche banlieue, c'est-à-dire des communes proches, mais distinctes de Paris (la loi du 10 juin 1853 étendit à toutes les communes de la Seine les fonctions déférées au préfet de Police par l'arrêté du 1er juillet 1800). Il fallait également garantir une bonne « police politique » dans cette « zone » réputée si dangereuse et rebelle, en souvenir notamment de la révolution de février 1848 qui avait emporté Louis Philippe *(débats au Corps législatif, Jules Riché, rapporteur de la loi, séance du 25 mai 1859, p. 458).*

Le même ministre Delangle dénonçait dans son rapport de février 1859 : *« la surveillance faisant défaut, au milieu de populations mobiles, agglomérées sans lien administratif puissant, les mœurs et les idées se pervertiraient ; un danger pour l'ordre public en sortirait peut-être, et la capitale de la France serait comme assiégée par des masses flottantes n'appartenant, à proprement parler, ni à Paris ni à la province. Oui, il faut que la Ville de Paris, en étendant la ferme et bienfaisante organisation de ses services sur cette zone, s'empare de l'avenir, qu'elle le règle, qu'elle écrive sur le sol, par un bon système de voirie, son unité, sa grandeur, sa force qu'elle assure, par une bonne police, l'ordre, la tranquillité, la prospérité à ses nouveaux et à ses futurs administrés ».* **Désigner les lieux de l'insécurité apparaissait comme un motif préalable récurrent aux interventions autoritaires sur le territoire urbain, un motif efficace car peu contesté du fait de la censure.** Les auteurs ont résumé cette vision dans maints ouvrages, notamment *Louis Chevalier (« classes laborieuses et classes dangeureuses pendant la première moitié du 19e siècle »*, 2007, cité par *le ministre Jean Michel Baylet, débats Sénat, 7 novembre 2016, p. 16954).*

Cette vision d'une banlieue dangereuse a été dénoncée par l'artiste Albert Perrin, qui considérait que la police se faisait parfaitement dans les diverses communes suburbaines, ajoutant que *"beaucoup de gens prétendent que les voleurs n'y sont pas plus à leur aise que sur le boulevard des Italiens et aux environs de la Bourse à Paris"* (Albert Perrin, *Deuxième étude administrative. Des intérêts de la banlieue de Paris, examen d'un projet d'annexion*, Paris, Imprimerie Chaix, 1858). La dangerosité du centre de Paris a ainsi été de nouveau mentionnée plus tard pour justifier la création d'une police municipale en complément ou remplacement de la Préfecture de police *(débats AN, 28 avril 1988, Laurent Dominati, p. 31 ; même auteur, débats AN, 28 janvier 1999, p. 633).*

D'ailleurs, **plus que pour des raisons de sécurité, l'annexion des communes de banlieue en 1860 relevait aussi (et surtout ?) de logiques financières et fiscales au profit du Paris « historique »** (voir Nathalie Montel, « Chronique d'une mort non annoncée. L'annexion par Paris de sa banlieue en 1860 », revue *Recherches contemporaines*, n° 6, 2000-2001, p. 242).

Cet épisode des extensions et annexions a laissé un souvenir fort dans les mémoires parlementaires (*voir par ex débats Sénat, Waldeck Lhuillier, groupe communiste, 5 mai 1961, p. 184 : « Nous n'avons pas non plus perdu le souvenir d'articles manifestement inspirés. On y étudiait le « grand Paris » qui absorberait les communes suburbaines, car on songe aussi à remplacer les maires élus de la banlieue par des maires désignés comme à Paris. Le souvenir de Napoléon III et d'Haussmann annexant il y a cent ans Montmartre et Belleville doit hanter certains. »*).

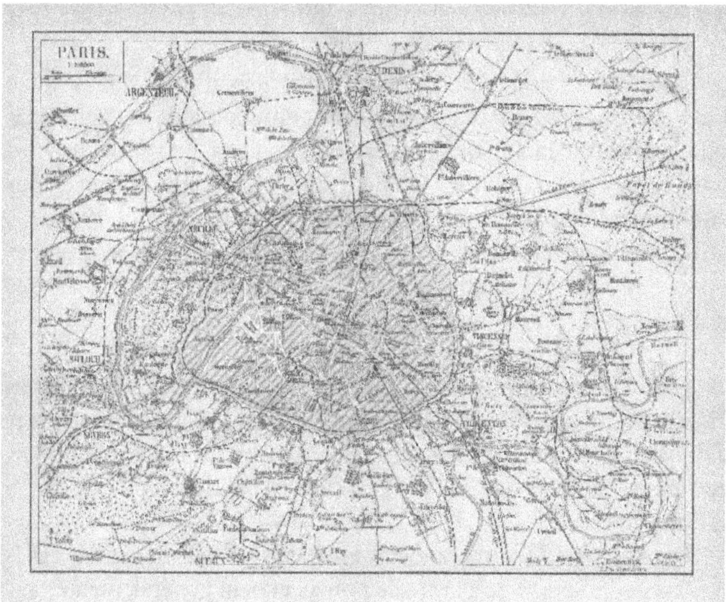

Carte de la ville de Paris 1877 (Getty Images)

Jusqu'à la loi du 9 juillet 1966 portant sur l'organisation de la police nationale (et même après ?), la Préfecture de Police a échappé au droit commun des institutions policières. **Le Préfet était un fonctionnaire de l'État qui dirigeait des agents communaux, payés par le budget de la ville de Paris, ces agents de police étant eux-mêmes mieux payés que leurs collègues de l'État exerçant en province**.

Avec la loi du 5 avril 1884, le statut des communes a été uniformément conçu sur l'ensemble du territoire ; toutes les règles s'appliquaient à l'identique, quelles que soient la superficie ou la population des communes… sauf à Paris (art. 167 - 28° de la loi de 1884). Malgré la pression des radicaux, Waldeck-Rousseau, Jules Ferry et leurs alliés ont tenu à ce que l'administration de la capitale reste l'affaire exclusive du préfet de la Seine et du préfet de police.

Cette exception parisienne a eu moins d'importance avec l'étatisation progressive des polices municipales des grandes villes, jusqu'à la loi du 23 avril 1941 qui a étatisé toutes les polices des grandes villes (+ de 10 000 habitants)… sans pour autant faire disparaître les polices municipales. Avant 1941, les polices étaient étatisées à la demande des communes, souvent pour des raisons financières et pratiques (droit de suite des policiers et de poursuite des délinquants).

La loi de réorganisation de la région parisienne a fait disparaître le département de la Seine, remplacé notamment par celui de Paris, mais a consacré les pouvoirs du préfet de police, en référence aux textes de l'an VIII (art. 10 de la loi n 64-707 du 10 juillet 1964)

De 1944 à 1977, les rapports entre le Conseil municipal et les préfets de la Seine / de Paris / de police, étaient généralement bons. Les conseillers avaient conscience de la position difficile du préfet de la Seine ou du préfet de Paris, à la fois représentant de l'État et exécutif de la Ville. Les préfets consultaient largement le Conseil sur les questions essentielles de la Capitale. Les heurts qui pouvaient exister – en particulier sous la IVe République – relevaient davantage de l'opposition entre la Ville et l'Etat que d'une opposition personnelle entre les conseillers et les préfets, telle que celle qui a pu exister au XIXe siècle *(Philippe Nivet, Le Conseil municipal de Paris de 1944 à 1977, Presses de la Sorbonne, 1994).*

Au 31 décembre 2018, tous corps confondus (hors brigade des sapeurs-pompiers de Paris), 34 016 agents étaient placés sous l'autorité fonctionnelle et hiérarchique du préfet de police, parmi lesquels 27 700 fonctionnaires de police, qui représentaient un quart des effectifs en tenue de la police nationale.

De 1800 jusqu'à la fin des années 1970, le partage des compétences et des intérêts satisfaisait les dirigeants : la Préfecture de Police s'occupait de la sécurité de Paris et de ses environs, tandis que les élus nationaux et locaux prenaient en charge la rénovation de Paris et de l'agglomération parisienne. Les questions de sécurité et de police n'étaient pas au cœur des préoccupations des élus des majorités nationales et parisiennes.

À l'occasion de débats sur l'organisation de la région / du district de Paris (loi du 2 août 1961), concernant notamment le département de la Seine, la situation alarmante de l'agglomération parisienne avait été dénoncée par le Gouvernement et les parlementaires *(débats AN, 15 décembre 1960, p. 4655, le Premier ministre Michel Debré ; même orateur, débats Sénat, 5 mai 1961, p. 176).*

Il s'agissait notamment de : décongestionner le centre de Paris ; améliorer les habitations et développer les espaces verts *(débats AN, 15 déc. 1960, le rapporteur de la loi André Fanton, p. 4657).*

Il s'agissait également de : construire le périphérique ; aménager les artères parisiennes ; développer les transports en commun ; entretenir les réseaux d'eau et d'assainissement *(ibid., p. 4658)* ; rénover les salles de classe parisiennes *(ibid., p. 4668, Pierre Ruais)* ; construire et rénover des enceintes sportives (projet de grand stade de 100 000 places sur 42 ha à Vincennes, suite à un vœu du conseil de Paris de décembre 1956), qui manquaient cruellement à Paris et notamment dans le 15e arrdt *(ibid., p. 4672, Claude Roux, député du 15e arrdt de Paris)* ; création du marché de Rungis suite à la suppression des abattoirs des halles et de la Villette ;...

En somme *« Les départements, même déshérités, sont souvent plus avantagés que l'immense agglomération qui a la Capitale pour centre » (ibid., p. 4673, André Mignot, député de Seine et Oise).*

À l'occasion de ces débats relatifs au « district » ou à la « région » parisienne, les spécificités de la ville de Paris étaient mises en avant, non pas au niveau « policier », mais au niveau financier (impossibilité d'emprunter, absence de réalisation des travaux nécessaires… *débats AN, 15 déc. 1960, p. 4658, échanges d'arguments entre André Fanton et le ministre des Finances ; p. 4677, Jean Legaret*). Le statut de la ville de Paris apparaissait également comme un repoussoir pour les communes de droit commun qui, elles, jouissaient d'une certaine autonomie (*ibid., p. 4662, Jean Lolive, député communiste ; p. 4676 et 4678, Jean Legaret, député de la Seine parlant de « système colonial »*), notamment du fait d'un déficit démocratique de ses dirigeants et représentants (*ibid., p. 4664, René Ribières, député centre droit*). Le Premier ministre lui-même reconnaissait que les évolutions institutionnelles étaient inévitables pour la « région » et la ville de Paris *(débats AN, 16 décembre 1960, p. 4703).*

À l'occasion des débats sur la réorganisation de la région parisienne (loi du 10 juillet 1964), ont été mis en avant des objectifs de meilleure répartition des moyens administratifs et financiers, mais sans évoquer des questions de police ou de sécurité à Paris ou en banlieue. Cette loi a consacré l'autonomie administrative de la capitale, mais en la laissant sous gestion préfectorale, notamment en ce qui concernait les questions de police. **La Préfecture de police était confortée dans son rôle à Paris et dans ses environs.**

Cette loi de 1964 créait le département de Paris, qui a été plus tard supprimé par la loi du 28 février 2017.

L'objectif de la réforme était à la fois économique et politique, mais ne concernait pas la police ou la sécurité de Paris.

La réforme de la police nationale (loi du 9 juillet 1966) a également conforté le rôle de la Préfecture de Police à Paris et dans l'agglomération parisienne. À l'occasion des débats, il s'est avéré que la Préfecture de police était une « fausse police municipale » et surtout une police d'État *(débats AN, 21 juin 1966, Amédée Brousset, rapporteur, p. 2159)*. Il fallait la conforter pour assurer l'ordre public dans la Capitale *(débats Sénat, 29 juin 1966, Michel Habib Deloncle, p. 1132 et 1133).*

Les nouveaux statuts n'entreront en vigueur qu'au 1er janvier 1968, date qui correspond également à l'entrée en application de la loi du 10 juillet 1964 réorganisant la Région parisienne.

Encore une fois, le rôle de la Préfecture de police a été conforté dans la Capitale par cette loi de 1966. La gestion des événements de mai 1968 a consolidé ses positions (avec la gestion des manifestations par le préfet de police Maurice Grimaud).

La loi du 31 décembre 1975 portant réforme du régime administratif de la ville de Paris a de nouveau conforté le rôle et les compétences du préfet de police, dans le prolongement des textes de 1800 et 1964 (art. 9 à 11 de la loi de 1975). Le Maire de Paris, désormais élu au suffrage universel indirect, remplaçant le préfet de Paris, n'était pas censé exercer des pouvoirs de police.

Certes, lorsque le nouveau statut de Paris a été débattu, quelques propositions parlementaires ont voulu octroyer au Maire de Paris des pouvoirs de police *(débats AN, 2 décembre 1975 (Henri Fiszbin, p. 9193 et avec Lucien Villa p. 9276 ; ibid. Georges Mesmin, p. 9200, propos rappelés par Alain Dumait au Conseil de Paris, 27 novembre 2000, BMO p. 1413 ; débats AN, 4 décembre 1975, Léonce Clairembeaux, p. 9358).*

Néanmoins, **pour la majorité, il n'était pas question de remettre en cause le rôle et les compétences de la Préfecture de police** : le projet du Gouvernement était clair en ce sens *(projet de loi n° 1869 présenté le 30 juin 1975, p. 3 et 4) ; également le rapport de l'Assemblée nationale du 21 novembre 1975 présenté par André Fanton, député de Paris (p. 6, 17, 41, 65, 82)*. Pendant 30 ans, les débats au Parlement ont longtemps confirmé cette tendance lourde de conforter les prérogatives de la Préfecture de police **au nom de l'unité des pouvoirs de police dans la Capitale** *(débats AN du 2 décembre 1975 (André Fanton, p. 9179 ; Gilbert Gantier, p. 9205) ; débats AN du 3 décembre 1975 (réponse du ministre de l'Intérieur Michel Poniatowski, p. 9277 : « le maintien de l'ordre forme une tout ») (débats AN, 28 avril 1998, le ministre de l'Intérieur Jean Pierre Chevénement, p. 47 : « il faut assurer une cohérence d'ensemble ») (débats AN, 30 avril 1998, le ministre de l'Intérieur, p. 25 : « pour le maintien de la responsabilité et de l'unité de la Préfecture de police ») (débats AN, 25 juin 2001, le ministre des*

Relations avec le Parlement, p. 472 : « le Gouvernement est hostile à toute initiative visant à démembrer la préfecture de police et la police nationale ou porter atteinte à leurs fonctions »).

La campagne électorale de 1977, première du genre, a d'ailleurs soulevé peu de questions relatives à la « police municipale » :

- Dans ses conférences de presse au nom de la liste « Union pour Paris », **Jacques Chirac,** ancien ministre et Premier ministre, député de Corrèze, insistait pour que *« la capitale de la France ne tombe pas dans les mains des socialos communistes et dans le collectivisme »* (déclaration de candidature télévisée, 19 janvier 1977). Il développait des projets sur le logement, le cadre de vie et l'écologie (le Monde, 21 février 1977) ; et s'il insistait sur la « sécurité des Parisiens » dans sa profession de foi, c'était uniquement en appelant aux moyens de l'État ou au renforcement de l'éclairage public ;

- Pour sa part, **Michel d'Ornano**, maire de Deauville (Calvados), liste « protection et renouveau de Paris », promouvait un « Paris vert », centré autour des espaces verts et de la propreté.

- À gauche, le communiste **Henri Fizbin**, liste « union de la gauche », développait également des thèmes liés au cadre de vie et à l'écologie, au profit des classes populaires parisiennes.

- Les écologistes ont fait un score remarqué avec la liste de **Brice Lalonde,** montrant (déjà) l'importance des questions d'écologie urbaine à Paris, avec une affiche originale représentant un 5e arrondissement luxuriant et naturel

En somme, puisque *« Paris est une ville de solitaires, où une personne sur deux vit seule »* (Yves Pozzo di Borgo, débats Sénat, 8 novembre 2016, p. 17039), les priorités du moment n'étaient pas à la « police », mais au cadre de vie quotidien de la population, sevrée de services publics, dans une ville sale et bruyante.

À ce stade, il faut noter un revirement : le Maire de Paris, Jacques Chirac, était autrefois opposé aux polices municipales et même à l'élection d'un maire de Paris (entretien avec France Soir, 1974) (!). D'ailleurs, Jacques Chirac avouera lui-même ne pas avoir projeté cette prise de pouvoir dans la Capitale : *« Ma seule ambition municipale, à cette époque [1976], est de prendre... la mairie d'Egletons. J'y vois un bon moyen de consolider mon implantation en Corrèze dont les habitant me sont, depuis toujours, plus familiers que les parisiens »* (*« Chaque pas doit être un but »*, Jacques Chirac, mémoires, tome 1, 2009, éd. Nil, p. 234).

Cette élection parisienne a été un moment décisif dans la carrière de cet homme d'Etat : *« Je suis élu maire de Paris... c'est une défaite humiliante pour le chef de l'Etat... Pour la première fois de ma vie, je ne suis le second de personne »* (mémoires, tome I, p. 237). Il y a découvert une ville célèbre mais laissée à l'abandon par l'Etat : *« Je découvre une ville vieillissante, en plein déclin démographique, et sans véritable politique en matière de logement, d'urbanisme ou d'environnement »* (ibid., p. 258).

Cette défiance de l'Etat envers Paris a d'ailleurs survécu au nouveau statut de la Capitale : *« La Présidence de la République était hostile, comme toujours, à l'idée de trop valoriser le nouveau maire de Paris »* (ibid., p. 276).

Lors de son intronisation le 25 mars 1977, le maire élu a développé en séance inaugurale d'autres thèmes que ceux relatifs à la « police » : d'abord un hommage à Bernard Laffay (ancien président du Conseil de Paris, décédé en février 1977) ; ensuite l'élection de ses adjoints ; l'interdiction de fumer dans la salle du conseil ; la formation de la commission du règlement ; le projet de règlement intérieur du Conseil de Paris ; le rappel de l'unité de Paris malgré le scrutin d'arrondissement et les pouvoirs reconnus aux commissions d'arrondissement ; la protection des locataires contre les expulsions ; un hommage au soldat inconnu sous l'Arc de triomphe... **Les questions de police n'ont pas été abordées lors de cette première séance du Conseil de Paris, qui venait pour la première fois d'élire son maire**.

Le président d'honneur de cette séance inaugurale du Conseil de Paris, le doyen d'âge Pierre Lépine, relevait d'ailleurs que : *« le nouveau statut ne change rien aux attributions du Préfet de Police, ce que d'aucuns peuvent regretter. Mais nous sommes certains que, comme par le passé, une étroite et confiante collaboration viendra s'établir entre les services qui demeurent à la Préfecture de police et ceux qui passent sous l'autorité nouvelle du Maire »* (BMO, 25 mars 1977).

Le nouveau maire de Paris reconnaissait ainsi que *« le Maire de Paris a des pouvoirs limités dans un seul secteur, celui de la sécurité, dont la responsabilité revient au seul Préfet de police »* (Jacques Chirac, *Mémoires*, tome I, p. 259).

Dès les premières séances du Conseil de Paris nouvellement élu, le Préfet de police Pierre Somveille a donné une vision stricte de la loi en ce qui concernait sa présence dans cette assemblée : *« le préfet de police est... un des organes de la commune de Paris... Il ne siège donc pas ici en tant que représentant de l'État... Votre assemblée n'a pas à débattre avec le Préfet de police des questions qui relèvent des compétences de ce dernier en tant que représentant de l'État... Le préfet de police a des pouvoirs propres qui ne sont pas soumis à ce contrôle » (séance du Conseil de Paris, 18 avril 1977, BMO du 29 avril 1977, p. 33 et 34)*

La culture préfectorale de l'administration parisienne aurait d'ailleurs survécu à la réapparition d'un maire de Paris issu du suffrage universel, à en écouter certains élus : *« la Ville de Paris n'est pas une commune démocratique, non à cause de ses élus, mais parce qu'elle a toujours été dirigée par des préfets et que l'on a gardé cette culture. Quel qu'ait été le maire – Jacques Chirac, Jean Tibéri, Bertrand Delanoë ou Anne Hidalgo –, c'est un système du pouvoir centralisé et autoritaire qui a perduré »* (*Yves Pozzo di Borgo, débats Sénat, 7 novembre 2016, p. 16978).*

De même, un autre élu estime que : *« Outre l'histoire, il convient également d'évoquer l'administration parisienne. Avez-vous conscience de la puissance de l'administration parisienne ? L'administration parisienne, une administration compétente, en effet, une administration préfectorale à l'origine, et qui l'est restée, forte de 52 000 agents... La réforme PLM n'a rien changé au système parisien, en dehors de la manière dont le maire est élu : mais ce maire est à la tête d'une administration préfectorale dont les méthodes sont restées les mêmes, la réforme ayant peut-être aussi quelque peu politisé une administration très compétente... La maire de Paris est un préfet élu... Paris est géré par une préfecture élue et un conseil monolithique. Le conseil de Paris se comporte, dans les bons jours, comme une chambre d'enregistrement et, dans les mauvais jours, comme un soviet. » (Claude Goasguen, débats AN, 14 décembre 2016, p. 8709)*

La loi relative à l'organisation administrative de Paris, Marseille, Lyon et des établissements publics de coopération intercommunale (Loi n° 82-1169 du 31 décembre 1982) avait surtout trait à l'organisation interne de la collectivité parisienne, en ce qui concernait notamment les pouvoirs des mairies d'arrondissement (remplaçant les commissions d'arrondissement), alors que le premier projet de loi prévoyait de créer à Paris 20 communes de plein exercice *(déclaration en conseil des ministres du 30 juin 1982, rappelée 20 ans au plus tard à l'Assemblée nationale par Laurent Dominati, séance du 19 juin 2001, p. 4492 ; également rappelée par Yves Pozzo di Borgo au Sénat, débats du 7 novembre 2016, p. 16962).*

Malgré ce caractère « organique » du projet de loi PML, les débats parlementaires ont évoqué les questions de police et de sécurité à Paris. Le ministre de l'Intérieur s'est alors engagé à faciliter les relations entre Préfet de police et Mairie de Paris *(débats AN, 21 octobre 1982, Gaston Deferre, p. 6118).* Le même ministre reconnaissait néanmoins que : *« un élu a toujours plus de pouvoir qu'un fonctionnaire, quel qu'il soit... De ce point de vue, le Maire occupe une position supérieure à celle du Préfet de police » (débats AN, 9 décembre 1982, Gaston Deferre, p. 8185).*

Le Préfet de police a même été félicité pour sa capacité de concertation de proximité *(débats AN, 22 octobre 1982, Jacques Marette, p. 6213).*

Certains députés de Paris, eux-mêmes élus du Conseil de Paris, ont souhaité que la Mairie prenne des pouvoirs de police relatifs à l'hygiène, la circulation et le stationnement, sans pour autant remettre en cause l'existence de la préfecture de police ni même lui enlever ses compétences en matière de maintien de l'ordre *(voir infra débats 1982 avec Jean Tibéri, Jacques Toubon, etc. ; rapport Sénat, 11 novembre 1982, p. 21 ; débats Sénat, 18 novembre 1982, le ministre de l'Intérieur Gaston Deferre, p. 5584).*

L'article 42 4°) de la loi du 31 décembre 1982 a pourtant une nouvelle fois conforté la position du préfet de police. Est néanmoins apparue l'opposition entre « maire élu » et « maire fonctionnaire » ou « deuxième maire de Paris », c'est-à-dire le Préfet de police *(débats AN, 23 octobre 1982, p. 6250, Jacques Toubon ; même auteur, débats AN, 9 décembre 1982, p. 8185 ; débats AN, Laurent*

Dominati, 19 juin 2001, p. 4492). Certains pouvoirs du Préfet de police apparaissaient démesurés par rapport à l'époque nouvelle, alors que le maire de Paris était désormais élu *(débats Sénat, 18 novembre 1982, Roger Romani, p. 5554)*

Dans sa conférence de presse du 21 février 1983, Jacques Chirac dressait le bilan de son premier mandat en y pointant, certes, l'exigence de sécurité, mais c'était pour **rappeler à l'État (préfet de police) ses obligations en la matière et lui apporter des moyens matériels nécessaires (locaux), tout en conservant le partage des compétences voulu par la loi entre mairie et préfecture de police**. Il reprit ensuite ses principaux thèmes de politique municipale et sociale :

> *« ... l'exigence de la sécurité est pour moi un préalable essentiel à tout le reste, car sans la sécurité, non seulement les biens et la vie de nos concitoyens sont gravement menacés, mais c'est l'âme elle-même de notre civilisation que nous risquons de perdre.*
>
> *Alors qu'en France, après d'autres pays européens, les manifestations de la violence et du terrorisme se multiplient, il est indispensable de rappeler que la sauvegarde des libertés individuelles et collectives passe par la prise de conscience qu'aucune démocratie ne peut subsister sans que l'État assume pleinement sa mission d'ordre et de justice.*
>
> *Face à des individus et à des groupes organisés en vue de détruire les capacités de résistance des citoyens à la subversion, notre société, respectueuse du droit et de la liberté, se trouve en quelque sorte placée en état d'infériorité. Ses adversaires n'hésitent pas en effet à utiliser les moyens de la démocratie pour la détruire.*
>
> *Il est donc nécessaire que l'État exerce sans défaillance son devoir de préserver la liberté contre tous ceux qui, groupes, factions ou individus, adhèrent à des idéologies négatrices des valeurs qui fondent l'exercice même de la démocratie.*
>
> *Cette exigence de sécurité est ressentie avec une vigueur particulière dans les arrondissements centraux qui vivent au rythme de l'agglomération tout entière.*
>
> *Le problème du centre de Paris, aujourd'hui rajeuni, rendu à sa vocation première notamment grâce à l'opération des Halles, qui constitue la plus grande expérience de reconquête d'un*

centre urbain qu'il nous soit donné de connaître et de maîtriser, c'est celui de la coexistence entre les habitants qui font la vie de vos quartiers et ceux qui y viennent, qui y passent et qui y consomment.

Pour maintenir l'équilibre nécessaire entre la vie locale et l'intense fréquentation de vos quartiers par la masse considérable de ceux qui viennent y chercher le travail, le loisir, et aussi, il faut bien le dire l'aventure du vice ou hélas du crime, il faut que les moyens de surveillance et de répression soient adaptés à l'ampleur des problèmes.

C'est ce que pour ma part je n'ai cessé de réclamer avec vigueur et, dans la mesure des compétences dont je dispose, j'ai pris les dispositions qui s'imposaient.

C'est ainsi que je suis allé jusqu'à sacrifier un équipement social indispensable aux Halles (un foyer de personnes âgées depuis longtemps attendu) pour céder l'immeuble du 10, rue Pierre-Lescot à la préfecture de Police afin qu'il y ouvre le commissariat dont ce quartier avait tant besoin.

C'est ainsi que je n'ai cessé de dénoncer la montée d'une prostitution de plus en plus agressive, l'expansion des « sex-shops », des spectacles pornographiques, des commerces marginaux et autres « fast-food ». Sur chacun de ces sujets, j'ai tenu de multiples réunions avec le préfet de Police. Tous nos efforts réglementaires ont échoué. Il y faudrait une volonté politique qui hélas fait défaut à nos actuels gouvernants... »

Le Maire de Paris ne cachait pas que ses premières priorités étaient étrangères à la police : *« Le 12 décembre 1977, lors de la première discussion budgétaire, j'annonce les grandes priorités de mon début de mandature : la solidarité entre les habitants, l'équilibre sociologique et professionnel de la population, enfin le rayonnement national et international de la Capitale »* (Jacques Chirac, *Mémoires*, tome I, p. 259). »

L'action municipale du premier maire de Paris de l'ère moderne était ainsi toute sauf sécuritaire : *« L'action culturelle reste le meilleur garant du rayonnement de Paris en France et à l'étranger »* (p. 260) ; *« Je voulais faire de Paris un laboratoire d'idées et de projets susceptibles d'intéresser le pays tout entier »* (p. 261) ; *« J'invite à l'hôtel de ville les chefs d'Etat que j'estime devoir y accueillir. Ces rencontres, par-delà leur aspect protocolaire, permettent au maire de Paris non seulement de nouer des relations personnelles avec la plupart de ces dirigeants, mais aussi d'exprimer son opinion sur l'évolution du monde »* (p. 264).

Ainsi, dès les premières années de la municipalité élue de Paris, le Maire de Paris s'est certes intéressé aux problèmes de sécurité et de police, mais sans revendiquer aucune compétence de police pour lui-même. Les nouveaux dirigeants de la Mairie de Paris se concentraient plutôt sur les problèmes récurrents des Parisiens, à savoir le logement, la qualité des services publics (notamment sociaux), le développement des espaces verts et la propreté de l'espace public. La Préfecture de police restait incontournable mais des évolutions sont vite survenues.

II-2. Histoire de la Police municipale à Paris Analyse des débats parlementaires et au Conseil de Paris

En amont du vote de la loi du 29 décembre 1986, conférant au Maire de Paris les premiers pouvoirs de police administrative – en particulier le pouvoir de verbalisation dans les parcs et jardins de la ville de Paris – Jacques Chirac évoque à plusieurs reprises un vif intérêt dans le domaine de la sécurité.

Le sujet de la sécurité au sein de la Capitale émerge dès la séance du Conseil de Paris du **25 mars 1985**. Lors de la séance du mois de **janvier 1986**, le maire de Paris dresse un constat alarmant et fait mention d'une montée de la violence : *« l'inquiétude des Parisiennes et des Parisiens a grandi face à cette insécurité toujours croissante qui affecte notre cité, malgré l'action exemplaire de notre police »* dénonçant en outre que *« pour quelques francs et en toute impunité, on n'hésite plus à tuer »* (Séance 20 janvier 1986 page 2 - Jacques Chirac discours ouverture de séance). Une dégradation du contexte sécuritaire parisien amplifiée par les attaques terroristes, comme celle de la rue de Rennes au mois de septembre, ainsi que des violentes manifestations d'étudiants liées à l'affaire Malik Oussekine (tué par des « voltigeurs » à l'occasion de manifestations contre la loi Devaquet).

En ce sens, le maire de Paris exprime à plusieurs reprises la nécessité d'agir dans le domaine de la sécurité au sein de la Capitale, sans pour autant revendiquer des pouvoirs de police : *« Il est plus que jamais nécessaire que l'État soit en mesure de garantir l'un de nos droits les plus fondamentaux : la sécurité » [...] « j'appelle solennellement le gouvernement au respect de cette liberté qu'est la sécurité, en lui demandant de prendre les dispositions indispensables pour renforcer nos moyens, tant de prévention que de répression »* (séance 20 janvier 1986 page 2 - Jacques Chirac discours ouverture de séance).

Lors de la séance de juillet 1986, Jacques Chirac qui était à la fois Premier ministre et maire de Paris, exprime sa volonté d'action : *« Depuis que j'exerce les fonctions de Premier ministre et je souhaite profiter de l'occasion qui m'est donnée pour indiquer les mesures que le gouvernement entend prendre pour que l'Etat assume à Paris ses responsabilités en matière de sécurité. Car je le répète, l'action de la Ville ne peut aller qu'en accompagnement de celle de l'État, responsable en premier chef à Paris, à travers la personne du Préfet de police et du ministre de l'Intérieur, de la sécurité dans la capitale »* (séance 7 juillet 1986 page 282 - Jacques Chirac discours ouverture de séance).

Le maire de Paris évoque une baisse de 11 % des accidents suite à une hausse du budget accordé à la sécurité sur voie publique passant de 37 millions de francs en 1985, à 44 millions de francs en 1986. Un budget dirigé en priorité dans les effectifs du corps des inspecteurs de sécurité des parcs et jardins : *« les personnels ont été dotés d'uniformes nouveaux mieux adaptés, de matériels, de véhicules et d'équipements plus performants. Grâce en particulier aux motos tous terrains [...] les inspecteurs pourront patrouiller dans les bois de Vincennes et de Boulogne »*, saluant l'efficacité de ce corps *« l'efficacité de ces personnels municipaux, qui ont mené dans les jardins publics une action intensive de prévention et de dissuasion, est à souligner »* (séance 7 juillet 1986 page 282 - Jacques Chirac discours ouverture de séance).

Malgré le fait que l'État détienne « à Paris l'ensemble des pouvoirs et moyens de police », l'action municipale tend à montrer aux Parisiens la préoccupation des services de la Ville pour résoudre le problème de sécurité. Une action municipale principalement basée sur la dissuasion, sans pour autant disposer de prérogatives répressives, en témoignent les mesures suivantes :

- La mise en place d'une ligne « création d'un « SVP sécurité » « doublé d'un service MINITEL » à la disposition des Parisiens. « Ce service consistera en une permanence téléphonique que je souhaite, après qu'elle aura été expérimentée, voire fonctionner 24 heures sur 24 », (séance 7 juillet 1986 page 283 - Jacques Chirac discours ouverture de séance).
- La création d'une Délégation générale dans chaque permanence technique destinée à conseiller et assister les élus confrontés à des questions de sécurité, à suivre les actions conduites par les services de la Ville à l'occasion des évènements graves tels que les incendies, les explosions, les attentats et à être à l'écoute et au contact des Parisiens victimes ».
- La mise en service d'une « téléassistance qui amène des interventions immédiates et qui suscite le développement du voisinage, ainsi que l'accompagnement des personnes âgées par les inspecteurs de sécurité de la Ville, et enfin la « multiplication des systèmes de sécurité des immeubles sociaux » (séance 7 juillet 1986 page 285 - Philippe Goujon).
- Le renforcement des effectifs de policiers pour assurer la sécurité au sein de la Capitale, « le préfet de police bénéficiera de l'équivalent de 1200 policiers supplémentaires ». Des policiers auxiliaires dédiés rattachés à la préfecture de police.

Concernant la création d'une « police municipale », si l'aile droite du Conseil municipal (le groupe Paris liberté) appelait de ses vœux la mise en place d'une Direction spécifique pour faire face à la montée de « la délinquance et de l'immobilisme des pouvoirs publics », après études, le maire de Paris Jacques Chirac montrait *« une attitude réservée »*, sceptique pour les raisons suivantes :

- Un coût trop élevé : estimés à « 600 millions de francs pour 3000 fonctionnaires seulement, sans compter le coût des locaux, celui des équipements et des véhicules ».

- La police municipale aurait été « sous l'autorité du Préfet de police, comme c'est déjà le cas aujourd'hui pour les agents de surveillance du stationnement payant. Les élus de Paris n'auraient donc eu aucune autorité ni aucun contrôle sur cette police municipale » (Séance 7 juillet 1986 page 284 - Jacques Chirac).
- Manque d'intérêt de la création d'une police municipale : « puisque l'Etat, répondant enfin aux exigences de sa mission de sécurité à Paris, vient de prendre à sa charge le renforcement de la police parisienne demandé avec insistance par les élus de Paris ».

Si le projet d'une police municipale placée sous l'autorité du maire de Paris est écarté, en revanche, le Maire revendique des prérogatives de **sanctions administratives**, précisément en matière de circulation et d'hygiène : « |...] j'ai fait étudier la question du rattachement possible à la Mairie de Paris des directions de la Préfecture de police compétentes en matière de circulation et d'hygiène ». « Il m'apparaît peu rationnel de remettre en cause le principe même de la répartition des compétences entre la Ville et la préfecture », une position motivée par le fait « que l'efficacité de ces Directions résulte en grande partie de ce que leur action administrative s'imbrique étroitement à l'action complémentaire exercée par les services actifs de la préfecture de police » (Séance 7 juillet 1986 page 264).

Enfin, la politique sécuritaire de M. Chirac comprend un volet de lutte contre la **toxicomanie**. Ainsi peut-on lire que *« conscient de la gravité du phénomène de la toxicomanie dans certains quartiers de la Capitale, a consacré à cette question les travaux d'une des six commissions du Conseil parisien de sécurité et de prévention de la délinquance qui a publié sur son livre blanc ». « La Municipalité parisienne est prête, pour ce qui concerne à s'associer aux pouvoirs publics pour mettre en place cette information sur les problèmes de la toxicomanie »*, « Mais je souhaite, et je rejoins là les conclusions de nombreux experts, *que soient dépassées les rigidités excessives créées par la loi de décentralisation de 1982, afin qu'une action globale associant plus étroitement l'État et les autres collectivités puisse être conduite pour lutter plus efficacement contre la toxicomanie ».*

Après loi du 29 décembre 1986

Le Maire de Paris Jacques Chirac revient sur le thème de la sécurité dans la Capitale au cours de la séance du Conseil de Paris du mois de **mars 1987**. À cette occasion, il rappelle les grandes lignes de la politique municipale de prévention, à savoir :

- La lutte contre la toxicomanie et l'exclusion sociale, considérées comme étant les principaux facteurs menant à la délinquance,
- La prévention contre le phénomène de marginalisation, de décrochage scolaire,
- Le projet de service de télé-sécurité anti-agression adressé aux commerçants,
- La création de la Direction générale de permanence téléphonique « Paris sécurité 24H/24 ».

Le maire de Paris adopte une politique en faveur de l'extension et de la protection des espaces verts, pour « la création d'un environnement urbain de qualité, la protection et la défense du milieu naturel ». Une politique caractérisée par :

- La « réalisation d'aménagements piétonniers » et la revalorisation du mobilier urbain,
- L'amélioration de l'éclairage public,
- La lutte contre les nuisances sonores avec un « plan de protection acoustique aux abords du périphérique,
- La lutte contre la pollution, avec notamment le recyclage et un « bus nature » partie intégrante d'un plan « d'action pédagogique » pour « une attention renforcée de tous à cet environnement ».

En parallèle, au Conseil de Paris, un vœu est exprimé en faveur du renforcement de la sécurité, de la surveillance et du gardiennage dans les grands ensembles d'immeubles sociaux de la Ville. Le groupe socialiste, par la voix du conseiller Jean Brocas dénonce la suppression des gardiens et « l'absence de surveillance » menant à « des dégradations et les nuisances de toutes sortes » (séance 11 juillet 1988 pages 362 et 363 – Jean Brocas) (graffitis, bris de glace, détériorations d'ascenseurs, vols, dépôts d'ordures) aboutissant à terme à de véritables « d'îlots d'insécurité ». Ce vœu peut être considéré comme l'origine intellectuelle de la création en 2004 du Groupement parisien inter-bailleurs de surveillance (GPIS) (Virginie Malochet, « *Policer le parc social. Le Groupement parisien inter-bailleurs de surveillance (GPIS)* », *Métropolitiques*, 17 octobre 2019).

En février 1988, lors d'une question adressée au maire de Paris, Mesdames TALMON et MARCHAL évoquent « une bande de jeunes loubards » qui agressent et dépouillent de jeunes enfants de leurs vêtements « sans que la gardienne, en l'occurrence, n'ait pu intervenir ». Des défauts d'équipement des agents de la Ville sont soulignés par celles-ci et proposent l'acquisition de « téléphones portatifs » pour les gardiens, leur permettant ainsi une meilleure communication entre pour alerter et solliciter la police nationale puisqu'*« Il n'y a aucune possibilité de donner l'alerte. Je vous remercie de faire étudier un système qui pourrait relier ces gardiens de square vraiment très démunis, surtout lorsqu'il s'agit de femmes qui ne peuvent absolument pas s'interposer entre ces voyous très violents et ces jeunes gens* » (séance février 1988 pages 123 et 124 – Mmes TALMON et MARCHAL sur la sécurité des parcs et jardins de la Ville de Paris).

S'agissant des espaces verts, il s'avère que *« Les espaces verts de la Capitale étant de plus en plus fréquentés par une population marginale au comportement souvent agressif »*, à partir de 1996, du fait de la récurrence de ces agressions (120 en 1996 dont 16 suivies de blessures (coup de poing, morsures de chien, arme blanche) à l'encontre des agents de la ville dans les parcs et jardins. Ces derniers sont désormais dotés *« d'émetteurs récepteurs leur permettant d'entrer en contact avec leurs collègues avec le poste de commandement des inspecteurs de sécurité qui, selon les cas, dépêche sur les lieux de l'agression un équipage d'inspecteurs de sécurité ou fait appel aux services de police »*, précisant aussi que *« l'ensemble du corps (660 agents), sera entièrement équipé à la fin de l'année 1997 »* (séances du 25 septembre 1996 page 1214 – M. Jean François Legaret (adjoint président). De son côté, la préfecture de police met à disposition des agents de la Ville des équipes cynophiles contre les morsures de chien. Du reste *« le service médical de la Ville de Paris assure le suivi des agents agressés qui en font la demande »*.

« Ainsi, à titre d'exemple, la réalisation du quartier Montorgueil-Saint-Denis a conduit la Ville de Paris à mettre en place une Brigade d'inspecteurs de la salubrité et de surveillance des espaces piétons (ISSEP), dont la compétence a été élargie au jardin des Halles, à la butte Montmartre et à la Butte-aux-Cailles. Ces inspecteurs ont pour mission de veiller à l'application du règlement sanitaire départemental, à la conservation du domaine public de Paris et à l'information du public.

À ces divers titres, ces inspecteurs assurent le contrôle de la salubrité du domaine public pour lequel ils disposent du pouvoir de contravention, en application du règlement sanitaire départemental et du règlement des parcs et promenades de la ville ainsi qu'une mission de surveillance générale et de prévention. Par leur présence en uniforme, ils exercent en outre une certaine dissuasion au regard d'individus animés d'intentions délictueuses. Enfin, ils informent les touristes... » (séances du 25 septembre 1996 page 1214 – M. Jean François Legaret (adjoint président)).

Les conseillers municipaux font état auprès du préfet de police de difficultés accrues en matière de circulation et de stationnement. Malgré de nombreuses sollicitations, la situation reste inchangée, et la problématique perdure. Soucieux de pouvoir répondre aux exigences des Parisiens, le groupe « Union pour Paris » émet un vœu pour le transfert des pouvoirs de police au maire de Paris. Lors des séances du 12 et 13 **décembre 1988**, le Conseil de Paris votera en sa faveur avec 139 voix favorables contre seulement 15 voix contre et 9 abstentions (Séances des 12 et 13 décembre 1988 page 714).

Dès la séance de janvier 1989, puis en 1992, le conseiller municipal Philippe Goujon fera à plusieurs reprises des interventions allant dans le sens de la poursuite du transfert de compétence au profit du maire de Paris, en ce qui concerne uniquement la circulation et le stationnement, sans pour autant concevoir la création d'une police municipale : *« Le ministre de l'Intérieur semble très attaché à ses prérogatives, puisqu'il a refusé le transfert de la règlementation de la circulation au maire de Paris. Mais il lui faut choisir : soit il garde ses compétences, mais alors qu'il donne à la préfecture de police les moyens d'accomplir sa mission, soit il n'en a pas la capacité et, donc le régime d'exception qui frappe la capitale est injustifié. Le ministre de l'Intérieur, qui veut accaparer tous les pouvoirs et remettre la Ville de Paris sous tutelle, devrait comprendre que la circulation n'est pas une affaire d'État, mais une affaire municipale. Un maire est mieux placé que quiconque, pour décider de l'implantation d'un sens interdit ou d'un plan de circulation. En fait, le refus du transfert de compétences au Maire de Paris dissimule mal la motivation politicienne qui anime la tête de liste socialiste pour les élections municipales* » (séance du 30 janvier 1989 page 6 – Philippe Goujon). M. Goujon critique les choix de la préfecture de police pour remédier aux problèmes de circulation, en évoquant le sous-équipement des compagnies de circulation », ainsi que « l'insuffisance des locaux et d'une véritable formation ».

Des requêtes/vœux seront exprimés en ce sens lors des séances du Conseil de Paris des 13 et 14 décembre 1989, du 27 janvier 1992, ainsi que du 13 avril 1992 et du 25 mai 1992, généralement lors des débats relatifs au vote du budget accordé à la préfecture de police. Ces vœux sont à l'origine de la création du corps des agents de surveillance de Paris, rémunérés par la ville de Paris et mis à disposition du préfet de police (loi du 28 février 2002), puis intégrés dans les services de la Mairie de Paris à compter du 1er janvier 2018 (loi du 28 février 2017).

Au Conseil municipal, la question du projet de police municipale fit l'objet d'âpres débats. Si le Conseil municipal semble en faveur de la loi du 29 décembre 1986 relative au transfert de quelques compétences de police à la mairie de Paris, le conseiller municipal Philippe Mithouard *« déplore des mesures qui ne vont pas au bout de la logique, à savoir la création d'une police municipale »* (séance 25 mai 1987 page 225 - Philippe Mithouard). Le principal opposant à la majorité, Gorges Sarre, membre du groupe socialiste dénonce le manque d'application de la stratégie « d'îlotage » de la part de la Préfecture de Police et regrette l'absence de postes de police par quartiers.

En effet, le groupe socialiste incarné notamment par MM. Bertrand Deleplace, Bertrand Delanoë et Jean-Yves Autexier dénonce le fait que *« les moyens refusés à la Police nationale, c'est l'encouragement donné aux discours de la Police municipale ».* Ces élus, *« fermement opposés à l'idée d'une Police municipale dans une ville qui est la capitale, où les fonctions de l'État sont imbriquées à celles de la ville et dans un pays où l'État a mille ans »*, craignant ainsi *« la remise en cause de l'efficacité »* dans l'action de la police : *« ce discours serait fâcheux pour l'efficacité même de la sécurité dans Paris »* (séance des 25 et 26 mars 1996 page 420 et 421 - Jean-Yves Autexier). Selon Bertrand Deleplace : *« de notre point de vue, cela serait une erreur, nous estimons que la sécurité relève du devoir de l'État et ne peut être confiée qu'aux fonctionnaires qui en dépendent »,* et propose par la même « il faut surement mettre de l'ordre dans les forces de sécurité présentes à Paris. Il manque un chef d'orchestre. Un des articles de la loi « Pasqua » est venu sagement entériner une réflexion de la commission des maires sur la sécurité appelée « commission Bonnemaison », sur la nécessité d'encadrer ces différentes polices, pas seulement en contrôlant le recrutement, mais aussi en coordonnant les objectifs. Je demande que nous entreprenions ce travail » (séance des 25 et 26 mars 1996 page 428 – M. Bertrand Deleplace, en référence au rapport dit Bonnemaison, « Face à la délinquance : prévention, répression, solidarité : rapport au Premier ministre », remis le 1er février 1983).

Les groupes « Paris libertés » et « Rassemblement pour Paris » se montrent favorables à la police municipale comme l'intervention de M.Jean-Pierre Burriez en témoigne : *« notre groupe considère qu'il est important que Paris ne reste pas à l'écart de ce grand mouvement de décentralisation de fait « il nous paraît nécessaire et indispensable d'étendre les pouvoirs de police du maire en matière de circulation locale, de stationnement d'hygiène et d'environnement ». « Il est souhaitable comme nous l'a confirmé le maire de Paris par lettre en date du 24 septembre 1993, que la proposition de loi adoptée par le Sénat le 11 mai 1990 soit votée par l'Assemblée nationale. Ce texte prévoit une extension du pouvoir de police du maire de Paris afin de conférer à la capitale un statut voisin de celui des villes à police d'État »* (séance des 25 et 26 mars 1996 page 422-Jean-Yves Burriez, en référence à la proposition de loi n° 102 adoptée par le Sénat le 11 mai 1990 « relative à l'exercice des pouvoirs de police municipale à Paris »).

Selon Laure Schneiter : *« le maire de Paris est privé des responsabilités dévolues à tous les maires de France concernant les pouvoirs de police. Il n'a aucun pouvoir de décision, ce qui entraine des discussions et des arbitrages sans fin, notamment quand l'exécutif parisien et l'exécutif national ne sont pas de la même couleur politique ». « Il serait temps, Monsieur le Maire, que comme tous les maires de France vous ayez des pouvoirs de police en matière de circulation et de stationnement. En attendant une hypothétique réforme du statut de Paris, pourquoi ne pas créer des brigades de ce que l'on appelle à Londres des « gardiens de la circulation » ? Ce sont des personnes qui, sans avoir forcément le statut d'agent de police, aident à surveiller et faire respecter la circulation et le stationnement »* (séance des 25 et 26 mars 1996 page 424 – Mme Laure Schneiter).

La loi du 29 décembre 1986 conférant les premiers pouvoirs de police au maire de Paris marque un tournant en ce que la mairie de Paris entend pouvoir agir en coopération avec l'État sur ces questions. Cette nouvelle volonté politique s'est traduite dans la capitale par une réorganisation des conditions de fonctionnement de la police, la faisant passer d'une police d'ordre à une police de proximité. De fait, la lutte contre les « incivilités, les constitutions de bandes de la petite et la moyenne délinquance » se traduit du point de vue organisationnel par un partage des tâches, si « le ministre de l'Intérieur, Jean-Louis Debré, s'y est résolument attaché, avec notamment la mise en œuvre prochaine de mesures qui permettront d'augmenter la rapidité des services de police sur les lieux d'un délit », avec « la création imminente des six B.A.C de jour » et de nuit en adoptant la méthodologie de patrouille sur le terrain en « îlotage », la Ville de Paris quant à elle s'inscrit dans la continuité de cette action par une politique de prévention dont font partie les plans « Paris-Espoir » ainsi que le « Pacte de relance » (en lien avec le Ministre de l'intégration). Il y a là la volonté pour le maire de Paris de signer un pacte Ville-Etat-Région, pour établir « concrètement un programme global de lutte contre l'exclusion urbaine ».

À l'image de l'intervention de Philippe Goujon en 1996, la Ville souhaite renforcer la protection des personnes (séniors) et des lieux sensibles pour *« assurer leur sécurité à leur domicile et dans leurs déplacements »* (séance des 25 et 26 mars 1996 page 410 – Philippe Goujon). Pour se faire, il sera prévu *« d'accentuer la prévention de certains faits délictueux »* comme *« les vols par ruse et les fraudes à leur domicile, en étroite complémentarité avec les services de police ».* Aussi, concernant la protection de l'environnement, il est prévu *« la création de différents corps d'inspecteurs de sécurité, dont la mission vient d'être étendue à une trentaine de marchés parisiens et la mise en place d'agents de surveillance dans les ensembles sociaux sensibles du nord-est parisien ».*

Pourtant, l'opposition municipale annonce que « sans pouvoirs de police, sans moyens financiers propres, nous avons depuis 9 mois mis en œuvre une véritable politique de partenariat avec les services de l'état et de la ville de Paris, police, justice, éducation, santé...» (Séance des 25 et 26 mars 1996 page 417 – Daniel Vaillant (maire du 18e)), préférant, à l'intervention des forces de la préfecture de police, le travail de prévention en lien avec les associations. Le groupe socialiste refusera d'ailleurs en 1996 de voter le budget accordé à la préfecture de police.

En **1996**, le nouveau maire de Paris, Jean Tibéri, reprendra ces principaux piliers d'action municipale en matière de sécurité : *« Trois axes d'intervention sont plus que jamais prioritaires et ressentis comme tels par nos concitoyens : les violences urbaines, la toxicomanie et les jeunes en voie de marginalisation »* (séance des 25 et 26 mars 1996 page 409 – Philippe Goujon adjoint au maire).

Malgré ces avancées, aucune de ces réformes ne concurrençait réellement les pouvoirs de la préfecture de police.

Ainsi, dès les premières années de la municipalité élue de Paris, le Maire de Paris s'est intéressé aux problèmes de sécurité et de police sans revendiquer aucune compétence de police pour lui-même.

Néanmoins, les espaces verts représentaient une préoccupation par les incivilités qui y sont commises.

En 1980, Jacques Chirac, maire de Paris, crée le corps des Inspecteurs de Sécurité de la Ville de Paris (ISVP) comme étant « des gardes particuliers des propriétés de Paris ». Leur mission est de surveiller et protéger les espaces verts (parcs, jardins, bois et cimetières) ainsi que les bâtiments et propriétés municipales. En 1999, leurs compétences sont élargies à la répression des infractions au règlement municipal des parcs et jardins, et des cimetières. En

2004, les ISVP deviennent des « agents de la ville de Paris chargés d'un service de police » et ainsi luttent contre les incivilités. En 2007, ils peuvent constater les dépôts sauvages et souillures. La Direction de la Prévention, de la Sécurité et de la Protection est créée en 2016 (DPSP), ancêtre de la Direction de la Police municipale et de la Prévention, créée en 2021.

Ce modèle historique de partage des compétences entre la ville de Paris et la préfecture de police est peu à peu arrivé à bout de souffle, comme l'ont résumé des rapports thématiques du Sénat (rapport n° 353 - févier 2017) et de la Cour des comptes (octobre 2019 puis décembre 2023), examinant l'action de la Préfecture de police sur la période 2008 – 2018. S'y sont ajoutées des critiques d'élus parisiens qui dénonçaient le poids excessif des syndicats de policiers dans la gestion de la Préfecture de police (*débats au Conseil de Paris, 27 novembre 2000, Alain Dumait, BMO p. 1413)* ou même les mauvais rapports entretenus entre la préfecture de police et le ministère de l'Intérieur *(débats AN, 25 juin 2001, Claude Goasguen, p. 4735).*

Déjà en 1960, un député dénonçait en des termes fleuris la gestion RH de la Préfecture de police avec « la pléthore de préfets et hauts fonctionnaires qui garnissait ses états-majors » *(débats à l'Assemblée nationale, 15 décembre 1960, Jean Legaret, p. 4677).*

Ces rapports plus récents de 2017 à 2023 dénonçaient « une organisation inadaptée, trop complexe pour être efficace, inéquitable et source de difficultés pour ses propres services. Une institution critiquée au niveau politique et même au sein de l'appareil policier, appelant des réformes sur les missions exercées et sur la façon de les exercer. » Ils dénonçaient également « la désorganisation et la chute de performance globale de la Préfecture de police », provoquant une situation administrative et judiciaire complexe et peu performante de l'institution.

Ces critiques de la Préfecture de police issues de rapports officiels ont été reprises par des élus parisiens, notamment Philippe Goujon dénonçant au Conseil de Paris *« Cette gouvernance déconcentrée doit également être transversale pour mettre un terme à un cloisonnement artificiel, inhérent à un centralisme trop souvent paralysant et à une organisation territoriale inadaptée, avec la suppression d'échelons intermédiaires et d'états-majors pléthoriques, un renseignement souvent défaillant et des techniques obsolètes. »* (séance du 10 décembre 2018, p. 86 et 87).

Il est enfin à noter que ces difficultés de la préfecture de police ont été particulièrement illustrées par les incidents survenus le 28 juillet 2022 aux abords du Stade de France avant la finale de la ligue des champions (Madrid vs Liverpool), tel qu'il apparaît dans le rapport sénatorial (n° 776) du 13 juillet 2022. Y est notamment pointée une gestion inadaptée d'une situation qui aurait pu être encore plus dramatique.

Du fait des évolutions démocratiques et de la situation de la Préfecture de police, des changements juridiques et opérationnels ont été lancés à partir de 1986 (lorsque le Maire de Paris Jacques Chirac était en même temps Premier ministre en période de cohabitation).

Ainsi, les évolutions depuis 1986 sont apparues comme des acquis pour créer une police municipale parisienne au siècle suivant (*débats Conseil de Paris 4 février 2019, p. 58 –Rémi Féraud).*

Lors des débats de février 2019 au Conseil de Paris, les élus de l'opposition ont dénoncé une « occasion manquée » en 2017 lorsque la loi modifiant le statut de Paris avait été votée, donnant de nouveaux pouvoirs de police au maire de Paris, mais sans pour autant créer officiellement une « police municipale » *(débats Conseil de Paris 4 février 2019, p. 76 : Pierre Yves Bournazel groupe république et indépendant et p. 82 : Mr Philippe Goujon) (débats au Conseil de Paris, 2 juin 2021, p. 213, Philippe Goujon, Maire du 15e arrdt).*

Il est vrai que l'essor des polices municipales a été freiné au niveau national par le Conseil Constitutionnel en 2011 et 2021, ce qui permet d'éviter la création d'une "police nationale bis" *(débats au Conseil de Paris, 2 juin 2021, p. 208, la Maire de Paris Anne Hidalgo).*

À travers les époques, sont mentionnées dans les débats du Conseil de Paris et ceux prononcés au Parlement autant de raisons de ne pas créer une police municipale parisienne, que de raisons d'en créer.

A - Les raisons de ne pas créer une police municipale parisienne

A-1. Raisons générales

Certains élus parisiens et nationaux dénoncent **l'inutilité d'une police municipale pour répondre aux attentes de la population en matière de sécurité** *(débats Conseil de Paris 4 février 2019, p. 61, Nicolas Bonnet-Oulaldj, présent du groupe communiste, front de gauche).* La police municipale, à elle seule, ne peut lutter contre le sentiment d'insécurité (*débats au Conseil de Paris, 27 novembre 2000, BMO p. 1410, Christophe Caresche citant le rapport de Marie Laure Rassat).*

Pour ces élus, mieux vaudrait associer prévention et répression et prendre le problème de l'insécurité à sa source plutôt que de créer une police municipale (*débats au Conseil de Paris, 27 novembre 2000, Christophe Caresche, BMO p. 1411)* (*débats au Conseil de Paris, 27 décembre 2000, Laure Schneiter) (débats Conseil de Paris 4 février 2019, p. 60, David Belliard groupe écologiste). (Débats au Conseil de Paris, 2 juin 2021, p. 219, Fatoumata Koné, groupe écologiste ; p. 225, Nicolas Bonnet Oulaldj).* Dans cette optique, l'insécurité doit être solutionnée par un travail de prévention et d'accompagnement social et sanitaire *(débats Assemblée nationale, 19 novembre 2020, Danièle Obono).*

Certains élus manifestent de façon plus subtile une opposition à la police municipale, mais pas à la sécurité locale *(débats Conseil de Paris 4 février 2019, p. 70 : Mme Léa Filoche EGCP).*

D'autres élus dénoncent un risque de « bavures » lié à l'armement létal des agents de police municipale *(Débats Conseil de Paris février 2019, p. 60 Mr David Belliard, groupe écologistes). (Débats au Conseil de Paris, 2 juin 2021, p. 221, p. 224, Nicolas Bonnet-Oulaldj).*

D'autres élus manifestent une franche opposition à la police municipale car c'est selon eux avant tout à l'État d'assurer la sécurité, et non à une police municipale dont les agents sont dotés de compétences et de savoirs faires incertains *(débats au Sénat, 29 octobre 1986, p. 4163 et 4171, Charles Lederman) (débats AN, 25 juin 2001, Georges Sarre, p. 4733) (débats Conseil de Paris 4 février 2019, p. 70 : Léa Filoche EGC).* Pour ces élus, la sécurité est une prérogative de l'État, qu'il ne peut pas déléguer *(débats au Conseil de Paris, 27 novembre 2000, BMO p. 1405 Michel Turoman ;).* Et même en admettant l'existence de polices municipales, l'État doit assurer l'égalité de tous les citoyens devant la sécurité *(débats AN, 28 janvier 1999, le ministre de l'Intérieur Jean-Pierre Chevénement, p. 635).* Il doit garantir une unité entre l'autorité qui édicte des arrêtés de police et l'autorité qui les fait appliquer ; garantir également une égalité entre communes riches et pauvres pour que la sécurité soit garantie à tous *(débats au Conseil de Paris, 27 décembre 2000, Jean Yves Autexier).* Il faut avant tout garantir une police républicaine nationale de proximité *(débats Assemblée nationale, 19 novembre 2020, Danièle Obono).* La police municipale ne serait ainsi qu'un substitut de réponse au problème de l'insécurité *(débats Assemblée nationale, 19 novembre 2020, Alexis Corbière).* La solution passerait donc par plus de policiers nationaux et non pas par le recrutement de policiers municipaux *(débats au Sénat, 16 mars 2021, Pierre Laurent).*

Ces élus reprennent en somme des raisons de défiance traditionnelles contre les polices municipales *(Jean Marc Berlières et René Lévy, Histoire des polices en France, éd. Nouveau Monde, 2011, p. 630).*

A-2. Raisons spécifiques, liées à Paris, tendant à s'opposer à la création d'une police municipale parisienne

Certains élus parisiens ont estimé que les questions de « police » n'étaient pas les plus importantes à débattre au Conseil de Paris, au regard des autres sujets économiques, sociaux et démocratiques, notamment les services publics de proximité, concernant la Capitale (voir par ex *débats au Conseil de Paris, 27 novembre 2000, Henri Malberg, BMO p.1395).* Ainsi, la Mairie de Paris doit assurer un bon cadre de vie à ses habitants et laisser les questions de « police » à l'Etat (*débats au Conseil de Paris, 27 novembre 2000, BMO p. 1405, Michel Turoman).* Elle doit aussi se préoccuper des sujets culturels (*débats au Conseil de Paris, 27 novembre 2000, Alain Riou, BMO p. 1412)*

Les intervenants notent au fil des débats une réticence de l'État, et notamment de la Préfecture de Police, à favoriser la création de la police municipale parisienne.

C'était déjà le cas en 1975 et 1999 lors des débats sur le statut de Paris, et sur celui des polices municipales, avec notamment les interventions des ministres de l'Intérieur de l'époque à l'Assemblée nationale et au Sénat *(débats AN, 28 janvier 1999, Jean Pierre Chevénement, p. 646)*. C'était encore le cas en 2000 / 2001 lors de l'examen du projet du maire de l'époque, Jean Tibéri (à l'appui du rapport de la professeure de droit Marie-Laure Rassat, nov. 2000), qui s'était heurté au préfet de police, Philippe Massoni (article Libération, 16 février 2001, *« Le préfet de police sauve son monopole. Il a réussi à enterrer l'idée de Tiberi d'une force municipale. »*). Les débats au Conseil de Paris (novembre 1999) à ce sujet avaient d'ailleurs été perturbés en séance par des syndicalistes de la Préfecture de police, qui étaient opposés à la création d'une police municipale parisienne. Certains élus parisiens demandaient pourtant un rééquilibrage des pouvoirs du Maire de Paris face au « maire de Paris bis » *(débats AN, 28 janvier 1999, Laurent Dominati, p. 645)*.

Cette réticence de l'Etat et de la préfecture de police a continué à être perçue par tous les intervenants élus, que ce soit au Parlement *(débats AN, 23 janvier 2003, Christophe Caresche qui souligne que la teneur des amendements relatifs aux relevés d'identité des AVCSP est « acceptée par le ministre et approuvée par la préfecture de police »)* ou au Conseil de Paris *(Débats Conseil de Paris février 2019, p. 78 : Frédérique Calandra, maire du 20e)*. Les lieux du pouvoir central devaient être protégés de la population parisienne *(débats au Sénat, 29 octobre 1986, p. 4163, Charles Lederman)*. Il y avait une méfiance historique entre l'Etat et Paris du fait des soulèvements populaires *(débats Conseil de Paris, 4 février 2019, p. 79)*. Le pouvoir central se sentait menacé par la population parisienne, contestataire et révolutionnaire *(débats Assemblée nationale, 19 novembre 2020, le ministre de l'Intérieur Gérald Darmanin) (débats au Sénat, 16 mars 2021, même auteur)*. Il existait une crainte d'une rivalité entre la police nationale et une super police municipale *(débats Assemblée nationale, 19 novembre 2020, Alexis Corbière)*. Déjà du temps du prévôt des marchands, l'Etat se méfiait de Paris *(Débats au Conseil de Paris, 2 juin 2021, p. 221, Ariel Weil,*

Maire de Paris Centre). La Préfecture de police a d'ailleurs un statut constitutionnel ou, en tout cas, un statut qui n'est pas contraire à la Constitution, rappelé par le Sénat dans son rapport thématique de février 2017 (se référant à Conseil constitutionnel, décision n° 70-63 L du 9 juillet 1970, cons. 3 ; et à Conseil d'État, 10 octobre 2013).

Certains élus nationaux ont même pris la défense de la préfecture de police, qui rend de grands services à la mairie de Paris *(débats AN, 25 juin 2001, Robert Pandrau, p. 4732).* Également *: « la préfecture de police accomplit un travail remarquable et il ne s'agit pas de casser tout ce qui fonctionne dans notre pays » (Arnaud Richard, débats AN, 16 février 2017, p. 1060).*

Plusieurs autres raisons de principe peuvent être mentionnées, justifiant le refus de créer une police municipale de plein exercice à Paris :

La création de la Police municipale parisienne risquerait de favoriser un désengagement de l'État. *(débats au Sénat sur le rapport relatif à la Préfecture de police, 1er février 2017, Claude Raynal) (débats au Conseil de Paris, 11 décembre 2017, Didier LE RESTE, page 85) (Débats au Conseil de Paris février 2019, p. 60 David Belliard, groupe écologistes) (débats au Sénat, 16 mars 2021, Pierre Laurent) (débats au Conseil de Paris, 2 juin 2021, p. 215, Nathalie Maquoi, groupe Générations).* Il s'agit d'une critique fort ancienne, déjà soulevée au temps de la création du district de la région parisienne (débats AN, 16 décembre 1960, Achille Peretti, député de la Seine, p. 4707) et lors de la discussion de la loi générale relative aux polices municipales *(débats AN, 28 avril 1998, Christophe Caresche, p. 36).* Dans cette optique, il faut surtout maintenir ou augmenter les moyens de l'État, RATP, SNCF, pour assurer la sécurité des Parisiens *(Débats Conseil de Paris 4 février 2019, p. 62 : Nicolas Bonnet-Oulaldj, présent du groupe communiste, front de gauche) (Débats au Conseil de Paris, 2 juin 2021, p. 224, même auteur).*

Dans cette optique, il faut lutter contre la paupérisation de la police nationale plutôt que de créer une police municipale à Paris qui, de surcroit, favoriserait le développement de la sécurité privée. *(Débats au Conseil de Paris, 2 juin 2021, p. 219, Fatoumata Koné, groupe écologiste ; p. 220, Raphaëlle Remy-Leleu, groupe écologiste).* Ainsi, mieux vaut une police nationale de proximité que de créer une police municipale inefficace (*débats au Conseil de Paris, 27 novembre 2000, Christophe Caresche, BMO p. 1411).*[1]

Le financement de la police municipale parisienne apparaît incertain voire hors de contrôle pour la ville de Paris, avec des dépenses en hausse de personnels et de matériels *(débats AN, 28 avril 1998, Christophe Caresche, p. 36) (Débats Conseil de Paris février 2019, p. 60 David Belliard, groupe écologistes).* Il y aurait un risque de croissance et d'emballement des dépenses liées aux moyens techniques et humains pour assurer la sécurité à Paris (*débats au Conseil de Paris, 27 novembre 2000, Christophe Caresche, BMO p. 1411). (Débats Conseil de Paris 4 février 2019, p. 74 Didier Le Reste et p. 80 : Fatoumata Koné, Groupe écologiste) (débats au Conseil de Paris, 2 juin 2021, p. 220, Raphaëlle Remy-Leleu, groupe écologiste).*

Au Parlement également, le transfert des compétences de police de l'État vers la Mairie de Paris a entraîné des controverses budgétaires, avec des amendements favorables aux pouvoirs de police du Maire de Paris, jugés pour un temps financièrement irrecevables au regard de l'article 40 de la Constitution *(débats AN, 19 juin 2001, p. 4490 et suivantes).*

Autre raison pour ne pas créer une police municipale à Paris : les effectifs de police seraient déjà suffisants dans la Capitale, à hauteur de 1 policier pour 300 habitants en 1986 *(débats à l'Assemblée nationale, 21 novembre 1986, p. 6703, François Asensi),* ou 18 000 agents en 1998 *(débats AN, 28 avril 1988, Laurent Dominati, p. 31)*, ou 7,1 policiers pour 1 000 habitants en 2020 *(débats Assemblée nationale, 19 novembre 2020, Danièle Obono*).

Ainsi, la création d'une police municipale ne serait pas un avantage pour les habitants de Paris *(débats à l'Assemblée nationale, 21 novembre 1986, p. 6710, Edwige Avice).* Elle pourrait même apparaître comme un « leurre » ou une « illusion » pour les Parisiens

[1] Lire le livre *Flic, un journaliste a infiltré la police*, éd. Goutte d'or, Valentin Gendrot, 2020.

(*débats au Conseil de Paris, 27 novembre 2000, Christophe Caresche, BMO p. 1410)*. C'est la ville de France qui compte le plus d'agents nationaux en garde statique *(débats au Sénat, 16 mars 2021, Jérôme Bascher)*. La sécurité y est bien assurée, comparée à la situation en banlieue *(débats AN, 25 juin 2001, Robert Pandrau, p. 4732)*.

Pourquoi créer une police municipale de plein exercice alors que le droit positif est déjà suffisant ? Les agents de la ville de Paris (affectés à la DPP puis à la DPSP crée en 2016) sont déjà assermentés et peuvent dresser des *PV (débats Conseil de Paris 4 février 2019, p. 60 David Belliard, groupe écologistes)* : ce sont des ISVP, ASP, TTPS, contrôleurs, etc. La réforme de 2017 créait déjà une « quasi-police municipale » *(Conseil de Paris 2 juillet 2018, Julien BARGETON, p. 149)*.

Pour rappel, la possibilité d'**effectuer des relevés d'identité et de dresser des procès-verbaux** avait pour but de permettre de sortir les agents de la ville de Paris chargés d'un service de police d'une situation de *« déshérence, puisqu'on leur confiait des missions de gardiennage non opératoires » (débats AN, 23 janvier 2003, Claude Goasguen)*.

Dans cette optique, le passage officiel à la police municipale n'apporterait aucun avantage (*débats au Conseil de Paris, 27 novembre 2000, Bertrand Delanoe, BMO p. 1399) ; (débats au Conseil de Paris, 2 juin 2021, p. 215, Nathalie Maquoi, groupe Générations ; p. 224, Nicolas Bonnet Oulaldj)*. Cette police municipale parisienne ne permettrait pas de s'attaquer vraiment à la délinquance *(débats au Conseil de Paris, 2 juin 2021, p. 219, Fatoumata Koné, groupe écologiste)*. Elle engendrerait alors déception ou frustration pour la population *(débats au Conseil de Paris, 2 juin 2021, p. 220, Raphaëlle Remy-Leleu, groupe écologiste)*.[1]

Toutefois, dans les débats parlementaires et municipaux, un certain paradoxe apparaît car les opposants à la création d'une « police municipale » parisienne sont parfois également des

---

[1] Voir le CSI et le CPP sur la compétence de verbalisation des agents de la ville de Paris chargés d'un service de police depuis le décret du 26 septembre 2007 ; cf. art. 15-33-29-3 du Code de procédure pénale.

partisans d'une coproduction de la sécurité entre Préfecture de police et Mairie de Paris.

Dans le cadre de cette coproduction, les agents de la ville de Paris sont chargés de tâches de prévention, mais aussi de surveillance des espaces verts et des cimetières *(débats AN, 30 avril 1998, François de Panafieu, p. 24 ; débats Sénat, 3 juin 1998, Jean Chérioux ; débats AN 28 janvier 1999, le ministre de l'Intérieur Jean Pierre Chevénement, p. 611 et p. 635 ; débats AN, 28 janvier 1999, Georges Sarre, p. 627 ; ibid. p. 648, Christophe Caresche)*, de lutte contre les « incivilités » (*débats au Conseil de Paris, 27 novembre 2000, Martine Billard, BMO p. 1407)* (par ex *débats au Conseil de Paris, 27 décembre 2000, Bertrand Bret)* ou qui seraient constitués en brigades de gardiens de la circulation et du stationnement *(débats au Conseil de Paris, 27 décembre 2000, Laure Schneiter).*

Sans attenter au statut et aux pouvoirs de la préfecture de police, les agents de la ville de Paris peuvent donc être considérés comme des **« agents chargés d'un service de police », même s'ils ne sont pas des « policiers municipaux » en titre** (*débats au Conseil de Paris, 27 novembre 2000, Christophe Caresche, BMO p. 1410) (débats AN, 23 janvier 2003, même auteur).* Sans évoquer la création d'une police municipale, un ministre évoquait même le fait que *« La police de proximité sera, quant à elle, mieux exercée, à Paris comme partout ailleurs, par le pouvoir municipal »* (*le ministre Jean Michel Baylet, débats Sénat, 7 novembre 2016, p. 16956)* en précisant que *« le Gouvernement s'opposera fermement à l'attribution de la compétence de police générale au maire de Paris » (même auteur, débats AN, 14 décembre 2016, p. 8696)*. Un sénateur estimait quant à lui que *« comme tous les autres maires de France, le maire de Paris doit disposer des pouvoirs nécessaires pour faire face aux problématiques essentielles de la vie quotidienne de la population. Paris doit redevenir une commune de plein exercice, sans perdre pour autant son statut de ville capitale, siège des institutions de la République, qui justifie notamment son statut particulier en matière de sécurité » (débats au Sénat, 7 nov. 2016, Roger Madec, p. 16959).*

La distinction entre « police du maire » et « agents de police municipale » a ainsi été rappelée par le député rapporteur de la loi du 28 février 2017 : *« il ne faut pas confondre les compétences de police municipale d'un maire et les modalités selon lesquelles ce dernier les exerce – cela peut passer par exemple par la création d'une police municipale, mais pas nécessairement... La création de la police municipale n'a aucun lien avec les compétences de police municipale que le maire assume. C'est un instrument et il en existe d'autres » (le rapporteur de la loi sur le statut de Paris, Jean Yves le Bouillonnec, débats AN, 14 décembre 2016, p. 8713 et 8743).*

La confusion entre « policier municipal » et « agent de la ville de Paris chargé d'un service de police » est d'autant plus grande depuis que la loi du 30 mars 2006 a doté les deux catégories d'agents des mêmes pouvoirs de verbalisation :

À l'origine, la compétence de verbalisation des agents de police municipale était surtout cantonnée à la violation des arrêtés de police municipaux (contravention de 1ere classe puis de 2e classe depuis l'intervention du décret du décret 2022-185 du 22 février 2022 modifiant l'article R 610-5 du Code pénal) et à l'application de partie réglementaire du Code de la route (art L 130-4 11° et 130-5 du Code de la route), notamment pour l'application des règles du stationnement gênant et du respect des vitesses maximales en agglomération. Quelques textes particuliers pouvaient s'y ajouter, notamment les règlements sanitaires départementaux dans leur dimension « propreté » (contraventions de 3e classe dressées en vertu de l'art. 1312-1 du code la santé publique et de l'art 7 du décret n° 2003-462 du 21 mai 2003 relatif aux dispositions réglementaires du code de la santé publique).

Cette compétence de verbalisation a connu un renouveau inattendu en 2006 / 2007, dans des circonstances politiques obscures. À l'occasion des débats (heurtés) relatifs à la loi pour l'égalité des chances, le « contrat première embauche » avait été critiqué de toutes parts et avait donné lieu à de nombreuses manifestations. Le Gouvernement en avait été réduit à faire adopter la loi sans vote en mettant en jeu sa responsabilité (art 49 al 3 de la Constitution), tout en créant au sein de cette loi à vocation sociale un titre VI appelé *« lutte contre les incivilités »* et en favorisant des amendements visant à **étendre la compétence de verbalisation des agents de police municipale et des agents de la ville de Paris chargés d'un service de police** (art. 50 de la loi n 2006-396 pour l'égalité des chances du 31 mars 2006 modifiant l'art L 2212-15 du CGCT, devenu l'art L 511-1 du CSI). Cet ajout n'est pas passé inaperçu au Sénat mais, malgré de courts débats où se sont exprimés l'étonnement et la défiance de l'opposition, les volontés gouvernementales l'ont emporté, sans explications officielles autres que celles issues de la force du parlementarisme rationalisé (*débats Sénat du 3 mars 2006, avec notamment les interventions d'Eliane Assassi, Alima Boumediene Théry et Marie France Beaufils)*. Le Conseil Constitutionnel n'a pas censuré ce cavalier législatif, mais en a censuré d'autres du même ordre dans la même loi (Décision n° 2006-535 DC du 30 mars 2006).

Par la suite, le décret 2007-1388 du 26 septembre 2007 (art. 7) est venu créer l'article R 15-33-29-3 du code de procédure pénale, en **étendant considérablement la compétence de verbalisation des agents de police municipale, mais aussi des gardes-champêtres et des agents de la Ville de Paris chargés d'un service de police**.

L'histoire retiendra que le contrat première embauche a été mis de côté à peine voté par discours présidentiel (allocution du 31 mars 2016) puis abrogé par l'article unique de la loi n° 2006-457 du 21 avril 2006 sur l'accès des jeunes à la vie active en entreprise. Néanmoins, l'héritage « police municipale » de la loi du 31 mars 2006 a survécu avec cet article spécifique du code de procédure pénale (art R 15-33-29-3), maintes fois modifié depuis, et qui étend la compétence de verbalisation des agents de police municipale et des agents de la ville de Paris chargés d'un service de police à des contraventions décidées au niveau national.

Jusqu'en 2017 inclus, l'idée dominante était que Paris était trop spécifique pour avoir sa propre police municipale, et que l'existence de la Préfecture de police empêchait cette création officielle : *« on ne peut considérer que Paris ville capitale doit entrer totalement dans le droit commun... Pour ces raisons notamment, nous ne pouvons pas considérer que Paris est une ville comme les autres : c'est le siège de nos institutions et de très grandes manifestations internationales s'y déroulent. Il est donc* *souhaitable de trouver le bon équilibre des pouvoirs entre le préfet, le préfet de police et la maire de Paris » (le ministre Jean Michel Baylet, débats Sénat, 8 novembre 2016, p. 17052)*. Même l'opposition sénatoriale estimait devoir trouver *« un équilibre entre la volonté de donner plus de moyens en termes de pouvoirs de police au maire de Paris et le maintien au préfet des prérogatives fortes, notamment quant à sa capacité à coordonner l'ensemble des actions sur des sujets majeurs en matière de sécurité »* (*Mathieu Darnaud, débats Sénat, 8 novembre 2016, p. 17054).*

La solution trouvée par la loi du 28 février 2017 apparaissait alors comme un point d'équilibre entre la Mairie de Paris et l'État/Préfecture de police : *« autant il est normal d'évoluer en matière de verbalisation des incivilités, des dépôts sauvages d'encombrants, de stationnement anarchique, autant les questions de sécurité au sens le plus régalien du terme doivent demeurer sous l'autorité du préfet de police et du ministre de l'Intérieur. Le transfert de compétences est donc très maîtrisé. Il recueille d'ailleurs le plein accord du préfet de police, qui s'est exprimé devant notre commission... En matière de sécurité et d'ordre public, le texte permet à la maire de Paris d'assumer les missions que tout maire assume partout ailleurs en France dans la lutte contre les incivilités, les dépôts d'ordure sauvage ou le stationnement anarchique, tout en recentrant la préfecture de police sur ses missions régaliennes. » (Sandrine Mazetier, débats AN, 14 décembre 2016, p. 8722 ; 20 décembre 2016, p. 8988).*

En ce sens également : *« les transferts de pouvoirs de police entre le préfet de police et le maire de Paris, au profit de ce dernier, seront approfondis. Il s'agit là d'une avancée importante qui donnera à la mairie de Paris quasiment tous les pouvoirs de police dont les autres maires disposent » (André Chassaigne, débats AN, 20 décembre 2016, p. 8990).*

De même, et étrangement : *« Nous considérons que l'équilibre prévu en la matière par le présent projet de loi est bien construit et de nature à répondre aux exigences de maintien de l'ordre public et de la sécurité publique. Il donne notamment un délai pour la montée en charge des compétences de police transférées au maire de Paris. Par ailleurs, à l'instar de tous les maires, le maire de Paris dispose de compétences de police, et la décision de créer une police municipale, instrument qui permet d'exercer certaines de ces compétences, relève des autorités municipales. Elle n'a donc en aucune manière à être examinée par le législateur. » (Jean Yves le Bouillonnec, rapporteur de la loi, commission des lois, 11 janvier 2017).* Cet argument d'une loi inutile pour créer une police municipale parisienne a ensuite été repris par le Préfet de police à la tribune du Conseil de Paris : *« le texte de Messidor an VIII n'empêche en rien, de mon point de vue, de créer une police municipale à Paris. En province comme à Paris, le pouvoir de police générale est partagé par le maire, par le préfet en province ; ici, par le Préfet de police et par le Maire de Paris, mais avec un mode inversé. Je rappelle que les pouvoirs juridiques de police municipale à Paris ne sont pas nouveaux... »* (séance du 10 décembre 2018, BMO p. 102).

Ainsi, pour un sénateur de l'opposition sénatoriale, mais qui suivait la majorité gouvernementale, **un point d'équilibre avait bien été trouvé en 2017** : *« Ce texte tend aussi à approfondir les transferts de pouvoirs de police entre le préfet de police et la maire de Paris au profit de cette dernière. La poursuite de ces transferts paraît aujourd'hui nécessaire, d'une part, dans un souci de simplification administrative et d'une meilleure prise en compte des attentes des Parisiennes et des Parisiens par les élus municipaux, d'autre part, afin de permettre aux services de la préfecture de police de se recentrer sur leurs missions de sécurité et de lutte contre le terrorisme. La maire de Paris assumerait des pouvoirs de police spéciale de proximité, tels que la police des baignades, la réglementation des manifestations sur la voie publique à caractère festif, sportif ou culturel, ou la police de la salubrité des habitations et hébergements. Cette réforme s'inscrit dans un grand mouvement de reconquête par Paris de la plénitude de ses compétences. En effet, le maintien du traitement dérogatoire de Paris n'a plus lieu d'être et nuit à l'efficacité de politiques de proximité. Comme tous les autres maires de France, le – ou la – maire de Paris doit disposer des pouvoirs nécessaires pour faire face aux questions essentielles de la vie quotidienne des Parisiennes et des Parisiens. Paris doit redevenir une commune de plein exercice sans lui faire perdre pour autant son statut de ville-capitale, siège des institutions de la République, qui justifie notamment un statut particulier en matière de sécurité. » (Roger Madec, débats Sénat, 7 février 2017, p. 1277).*

Également, une sénatrice loue cet équilibre trouvé par la loi de 2017 : *« Cette démarche s'inscrit dans le prolongement des lois du 29 décembre 1986 et du 27 février 2002, qui ont déjà transféré au maire de Paris certaines compétences en matière de police municipale. Ainsi la présente réforme permettra-t-elle à la maire de Paris d'exercer des compétences de proximité, comme la circulation, le stationnement payant et gênant, incluant la gestion des fourrières, la police des baignades, la réglementation des manifestations de voie publique à caractère festif, sportif ou culturel, la salubrité des bâtiments à usage principal d'habitation ou à usage partiel ou total d'hébergement, ou encore la délivrance des cartes nationales d'identité et des passeports. Cette réforme aura pour conséquence notable de recentrer l'activité de la préfecture de police sur son cœur de métier : la protection des personnes. Dans le contexte de menace terroriste que nous connaissons depuis plusieurs années, il ne fait nul doute que cette nouvelle organisation permettra plus de cohérence dans l'action menée par les services de l'État dans le domaine de la sécurité. » (Esther Benbassa, débats Sénat, 7 février 2017, p. 1281).*

La majorité parlementaire a également reconnu cet équilibre dans la distribution des pouvoirs de police atteint en février 2017 : *« Reste enfin une question épineuse qui a nourri une partie du désaccord entre les deux chambres et au sein même de cet hémicycle : celle des pouvoirs de police. Parce que Paris est notre capitale et, à ce titre, rassemble nombre des institutions de la République et est fréquentée par des millions de touristes chaque année, il est naturel que l'État y joue un rôle singulier en matière de sécurité publique. En raison de son caractère stratégique, la capitale doit faire l'objet d'une attention plus intense que d'autres territoires. Cette réalité, que chacun pourra comprendre, légitime le fait que les pouvoirs de police du maire de Paris, s'ils sont renforcés par ce texte dans les domaines intéressant directement les affaires municipales – notamment pour les édifices menaçant ruine ne peuvent pas relever pleinement du droit commun. Inutile de préciser que le contexte actuel de menace terroriste ne fait que conforter cette analyse. » (Françoise Descamps-Crosnier, débats AN, 16 février 2017, p. 1058).*

Cet équilibre entre Mairie de Paris et préfecture de police a pourtant été jugé timoré par la majorité sénatoriale de 2017, qui représentait l'opposition du Conseil de Paris : « *le refus de doter Paris d'une police municipale constitue une autre occasion manquée. Le texte qui nous est soumis manque d'ambition. ... Le Sénat a constamment cherché à améliorer le régime de l'ordre public parisien... nous avons travaillé pour rapprocher Paris de ce qui est pratiqué dans les communes des départements de la petite couronne. C'était une solution de compromis, qui, là encore, ne bouleversait aucun équilibre. Elle aurait permis de recentrer la préfecture de police sur des missions plus régaliennes. Cette logique de complémentarité fonctionnelle, le Gouvernement a malheureusement préféré la rejeter, en raisonnant encore avec un logiciel révolu et périmé.* » *(Pierre Charon, débats Sénat, 7 février 2017, p. 1282).*

Trois mois après le vote de la loi du 28 février 2017, au cours des **séances du 9 et 10 mai 2017,** le Conseil municipal ouvre le débat concernant le transfert des services et des agents des polices spéciales de la Préfecture de police à la mairie de Paris, ce qui donne l'occasion à la majorité municipale de poser les limites de l'évolution du statut de Paris à des tâches administratives, rejetant catégoriquement la création d'une police municipale.

Un tournant intervient au Conseil de Paris de juillet 2018, lorsqu'un vœu déposé par le groupe DP relatif à la création d'une police municipale permet un nouveau débat concernant la police municipale. La majorité municipale se montre toujours autant sceptique concernant la police municipale mais ne ferme pas entièrement la porte au projet de police municipale, puisqu'un audit de sécurité est commandé. Le conseil municipal rejettera le vœu de création de police municipale, mais validera le projet de l'exécutif de réfléchir à cette question via l'audit.

La stratégie de l'opposition (notamment Philippe GOUJON) semble avoir porté ses fruits auprès de la majorité du Conseil de Paris. Auparavant, le projet de police municipale était systématiquement rejeté par les divers groupes de la majorité. Cependant, en réclamant de manière répétée une police municipale armée, Philippe GOUJON a fini par faire accepter l'idée d'une police municipale, même non armée. En demandant plus, c'est-à-dire que la police municipale soit armée, il a rendu l'acceptation d'une police municipale non armée plus acceptable, y compris pour les conseillers a priori opposés à la création d'une police municipale.

Cette période ambigüe et incertaine prend fin avec les débats au Conseil de Paris de février 2019 qui marquent un tournant décisif dans le processus décisionnel de la création de la police municipale. À cette date, la majorité municipale annoncera un soutien assumé en faveur de sa création.

Ce soutien de principe sera ensuite confirmé au Conseil de Paris et guidera ensuite les travaux parlementaires qui amèneront à la loi n° 2021-646 du 25 mai 2021 pour une sécurité globale préservant les libertés (article 6 et 7 modifiant le Code de sécurité intérieure pour officialiser la création d'une police municipale parisienne).

Au soutien de ces ralliements à la gauche plurielle du Conseil de Paris, comment expliquer l'accord de l'État et de la Préfecture de police à la création d'une police municipale parisienne ? **De longue date, même opposée à la création officielle d'une police municipale, la Préfecture de police (ayant la compétence de police de principe) n'était pas forcément opposée à un partenariat et à une coproduction de sécurité avec la Mairie de Paris (compétence d'attribution)**, s'agissant notamment de la tenue des points-écoles et de tout ce qui pouvait soulager les effectifs de la police nationale (*débats au Conseil de Paris, 27 novembre 2000, Christophe Caresche, BMO p. 1411)* (*débats au Conseil de Paris, 27 décembre 2000, le Préfet de police)*.

Dans cette optique, tout nouveau pouvoir octroyé aux agents de la ville de Paris chargés d'un service de police (en l'occurrence, effectuer des relevés d'identité pour dresser des contraventions en vertu de l'article 78-6 du code de procédure pénale) apparaît comme un moyen d'« aider la préfecture de police » *(débats AN, 23 janvier 2003, Claude Goasguen)*.

Ainsi, dans les débats du Conseil de Paris des 15 et 16 mai 2006, Christophe CARESCHE reconnaissait que *« depuis 2001, le paysage a changé et il faudra effectivement à un moment ou un autre, que le*

Maire de Paris s'en préoccupe pour en tirer à la fois le bilan et les conséquences » [...] « parce qu'au niveau des agents de la Ville, comme des agents de la Ville placés sous l'autorité du Préfet de police, un certain nombre d'éléments nouveaux sont intervenus, d'ailleurs à notre initiative, qui leur ont donné par exemple des compétences nouvelles » (Christophe Caresche, séance 25 et 26, septembre 2006, p 691). Pour la première fois, cet élu municipal et national, spécialiste de la sécurité, reconnait les tâches des agents en tenue sur voie publique comme celle d'une « police municipale », et exprime le souhait de placer celle-ci « sous l'autorité d'une même direction et d'un même directeur » en pensant à la Direction de la protection et de la prévention de la Mairie de Paris. Christophe Caresche justifie ainsi le paradoxe entretenu entre la position de défiance vis-à-vis du projet de police municipale et l'élargissement des compétences acquises par les agents municipaux par les lois du 28 février 2002 (compétences circulation stationnement), du 18 mars 2003 (compétence contraventionnelle + relevés d'identité) et celle du du 31 mars 2006 (compétences élargies de verbalisation pour les policiers municipaux et agents de la ville de Paris chargés d'un service de police).

Précisions de contexte politique national et local sur ces débats au Parlement et au Conseil de Paris :

Les débats autour de la police à Paris sont à la fois juridiques et politiques. Au sujet de Paris, les débats sont **passionnés et récurrents** dans les assemblées d'élus : ils peuvent être à l'origine de « révisions déchirantes » *(débats AN, Michel Charzat, 19 juin 2001, p. 4490)* ; ils reviennent dans de nombreuses séances du Conseil de Paris, de l'Assemblée nationale ou du Sénat, même lorsqu'ils ne sont pas prévus à l'ordre du jour *(débats AN, Christophe Caresche, 19 juin 2001, p. 4493 : « nous ne cessons de parler du statut de Paris ») (débats AN, 25 juin 2001, Georges Sarre, p. 4733 : « débat récurent ») (débats AN, 23 janvier 2003, le président de l'Assemblée nationale Jean Louis Debré : « on ne va pas évoquer en permanence dans l'hémicycle les problèmes qui doivent être débattus au Conseil de Paris »).* L'explication de ces débats récurrents provient notamment du fait que *« tous les présidents de la Ve République se sont intéressés à la région-*

capitale et y ont apporté leur touche : c'est naturel, puisque c'est un moteur pour l'économie nationale » (*Philippe Dominati, débats Sénat, 7 novembre 2016, p. 16965).*

La fréquence de ces débats « parisiens » en viendrait même à parasiter les débats parlementaires, qui sont censés être à vocation nationale. De l'aveu même d'un ministre, *« ... le Sénat a délibérément choisi une attitude d'opposition systématique et a même transporté, au sein de l'hémicycle du Palais du Luxembourg, les querelles internes du conseil de Paris » (le ministre Jean Michel Baylet, débats AN, 14 décembre 2016, p. 8696).* Le député rapporteur de la loi du 28 février 2017 en vient à demander *« n'invitons pas dans notre assemblée le débat politique du Conseil de Paris... Nous ne voulons pas que le Conseil de Paris, qui se trouve ici honoré par la présence d'un certain nombre de ses membres, transfère dans notre assemblée les débats qui agitent tous les conseils municipaux... »* (*Jean Yves le Bouillonnec, débats AN, 14 décembre 2016, p. 8712).* Un député ajoute que *« c'est un peu gênant de vous entendre parler de vos histoires parisiennes dans un hémicycle voué à la représentation nationale. Nous sommes ici députés de la nation, élus sur des circonscriptions, et n'avons pas à parler à l'excès de nos histoires locales, comme c'est le cas ce soir » (Arnaud Richard, débats AN, 14 décembre 2016, p. 8737).*

Dans ce contexte passionné, **les revirements d'idées et d'opinions ne sont pas rares**, de l'aveu même des décideurs nationaux et parisiens soit au Conseil de Paris (*débats au Conseil de Paris, 27 novembre 2000, Jean François Legaret, BMO p. 1414)*, soit au Parlement *(débats AN, 25 juin 2001, Claude Goasguen, p. 4728).* Il en résulte des débats heurtés et des successions de lois qui apparaissent chacune comme *« un compromis laborieux et bancal... où on organise la dilution et la confusion des compétences »* entre la Mairie de Paris et la Préfecture de police *(débats AN, 25 juin 2001, Philippe Séguin, p. 4730 ; ibid., Claude Goasguen, p. 4735).*

Le Maire de Paris lui-même, en 1986, alors qu'il était également Premier ministre, était opposé au principe même des polices municipales :

« M. Jacques Chirac a évoqué, vendredi ***23 mai 1986****, à l'Hôtel de Ville de Paris, le problème des polices municipales. Deux propositions de loi sont en effet actuellement déposées, qui traitent de ce sujet, l'une de MM. Dominique Pado et Pierre-Christian Taittinger (UDF) sur le bureau du Sénat, et l'autre de M. Jacques Dominati (UDF) sur celui de l'Assemblée nationale.*
Le Premier ministre a déclaré : « Je reste hostile à la création de polices municipales chargées de l'ordre public. L'ordre public relève de la responsabilité de l'État et doit être appliqué sur l'ensemble du territoire national en vertu d'une même conception générale. » Toutefois, M. Jacques Chirac a demandé qu'une étude soit menée par M. Jean Tibéri, adjoint au maire de la capitale, concernant un éventuel transfert des compétences du préfet de police au maire de Paris en ce qui concerne uniquement les problèmes d'hygiène et de circulation. Mais M. Chirac a ajouté : « C'est un domaine pour lequel ma position n'est pas arrêtée. » Le maire de Paris a fait remarquer : « Dans les villes où des polices municipales ont été créées, l'objectif recherché n'a pas été réellement atteint. Dans la plupart des cas, ces éléments se sont transformés davantage en garde prétorienne qu'en véritables forces de police. »[1]

Chaque avancée législative en matière de police parisienne doit alors être considérée comme une étape intermédiaire vers de futures évolutions statutaires dans la Capitale : *« Le préfet de police, comme d'ailleurs la maire de Paris… ont bien confirmé qu'il s'agissait d'une entrée dans un dispositif qui a manifestement vocation à s'élargir avec le temps, mais qu'il y avait une nécessité impérieuse de ne pas immédiatement passer à des modalités que personne – et je ne parle pas seulement de la police nationale, mais aussi de l'autorité municipale – n'est susceptible de maîtriser. Le*

[1] https://www.lemonde.fr/archives/article/1986/05/26/le-premier-ministre-est-hostile-aux-polices-municipales_2935142_1819218.html

choix qui a été fait est de conserver dans un premier temps la compétence générale au préfet et d'engager, sur des compétences qui je me permets de vous le dire ne sont pas minimes dans une commune, un certain nombre de transferts... Cette démarche qui est éminemment pragmatique, pour l'État comme pour les autorités municipales de Paris... Ces dispositifs sont appelés à évoluer et à se perfectionner au fil du temps » (le rapporteur de la loi sur le statut de Paris, Jean Yves le Bouillonnec, débats AN, 14 décembre 2016, p. 8743 et 8749).

Il faut également noter que **la pratique « policière » à Paris peut devancer la loi, obligeant alors le Parlement à régulariser des situations existantes**, par exemple pour la surveillance des espaces verts par les agents de la ville de Paris – de la DPJEV à la DPP *(débats AN, 28 janvier 1999, Jacky Darne, p. 647 : « cet amendement donne satisfaction à de nombreux élus de la ville de Paris. Il régularise la situation d'agents de police qui relevaient déjà des infractions, reconnaissant ainsi, tout en la contrôlant, une pratique existante »)* mais aussi sur les questions de circulation et de stationnement *(débats AN, 25 juin 2001, Christophe Caresche, p. 4728 : « Depuis plusieurs années, il est vrai, une pratique qui ne s'est pas démentie veut que le préfet de police tienne compte des propositions du maire de Paris pour les problèmes de circulation et de stationnement quand ils ne touchent pas à l'ordre public et à la sécurité. Nous avons souhaité inscrite cette pratique dans la loi et faire en sorte que le maire de Paris soit désormais totalement associé à la politique de stationnement et de circulation »).*

Du fait des évolutions politiques et sociologiques, une police municipale a pu voir progressivement le jour à Paris, non sans ambiguïtés ni contradictions.

B - Les raisons et les moyens pour créer une police municipale parisienne

Éléments de contexte politique et urbain parisien

Les élus dans leur ensemble reconnaissent les spécificités de la police municipale parisienne *(débats au Conseil de Paris, 4 février 2019, p. 79 : Frédérique Calandra Maire du 20e et p. 91, Colombe Brossel)* et, de façon générale, les spécificités de Paris et de l'histoire de sa "police", depuis la loi du 26 décembre 1986 *(débats Conseil de Paris 4 février 2019, p. 79 Frédérique Calandra Maire du 20e et p. 94, Le préfet de Police).*

À bien y regarder avec une perspective historique, les premières réformes de 1986 portaient déjà en germe la création d'une police municipale parisienne *(débats au Sénat, 29 octobre 1986, p. 4163 et 4174, Charles Lederman) (débats à l'Assemblée nationale, 21 novembre 1986, p. 6703, François Asensi)*. Même si certains responsables s'en défendaient à l'époque *(rapport à l'Assemblée nationale, 13 novembre 1986, Pierre Mazeau, p. 25) (débats à l'Assemblée nationale, 21 novembre 1986, p. 6714, le ministre Yves Galland et le député-maire du 5e Jean Tiberi)*, la genèse de la police municipale a bien démarré en 1986, avec de nouveaux pouvoirs reconnus au maire de Paris en matière de salubrité et de propreté, qui n'étaient déjà pas si aisés à mettre en œuvre pour les autorités municipales (*débats au Conseil de Paris, 27 novembre 2000, Georges Sarre, BMO p. 1399).*

Ces compétences de « police » données par la loi du 29 décembre 1986 aux agents de la mairie de Paris répondaient à des problèmes récurrents que connaissait le territoire parisien : le logement ; la saleté des rues ; l'entretien des espaces verts. La préfecture de police ne pouvait plus les prendre seule en charge. Il faut brièvement insister sur ces points :

- **Sur la question de la police de la propreté des rues est de l'espace public :** Paris est une ville petite (105 km2) mais dense car très peuplée (2,2 M d'habitants) et très visitée (50 millions de touristes par an), avec des petites rues difficiles à nettoyer. Pour juguler le flux de déchets et réprimer les contrevenants, tâches ingrates pour des policiers nationaux, il fallait adjoindre des agents de la mairie de Paris aptes à remplacer les agents de la préfecture de police. Ainsi ont été nommés des « gardes particuliers » ou « inspecteurs de salubrité » de la voie publique (dits également ISSEP) pouvant faire notamment respecter le règlement municipal de collecte des ordures ménagères (arrêté municipal du 10 mai 1983) mais aussi le règlement sanitaire départemental (arrêté préfectoral du 20 novembre 1979 portant règlement sanitaire du département de Paris, notamment ses articles 99 et suivants, mis en œuvre par les agents relevant de l'article 48 du code de la santé publique, devenu l'article L 1312-1). Cette question de la propreté de Paris a fait l'objet de débats récurrents et polémiques dont la presse et le Conseil de Paris se sont souvent faits l'écho *(voir notamment les séances du Conseil de Paris du 5 février 2018 et du 1er juin 2021).*

- **Sur la surveillance et la police des espaces verts** : il s'agissait de faire respecter les prescriptions de l'arrêté municipal portant règlement des espaces verts (arrêté conjoint du Maire de Paris et du Préfet de police du 13 août 1985 remplacé par l'arrêté municipal du 20 décembre 2018). La question était d'importance car les espaces verts parisiens, y compris les cimetières ainsi que les bois de Boulogne et Vincennes, représentent le « poumon vert de la Capitale mais aussi une forme de « soupape de sécurité » pour que les habitants et les touristes puissent s'y repose. Ville dense, Paris a besoin de verdure pour assurer son équilibre et sa sérénité *(« des zones de calme, de rencontre et de détente » selon Jacqueline Nebout au Conseil de Paris le 16 mai 1977).* Cette préoccupation d'« écologie urbaine » est ancienne, datant a minima de l'époque du Second Empire (Napoléon III, Georges Eugène Hausmann et Adolphe Alphand) puis relayée par tous les maires élus à Paris depuis 1977. La première campagne électorale de 1977 et le premier mandat de Jacques Chirac se sont en partie joués sur cette dimension d'embellissement et de surveillance de ces espaces protégés. Lors de sa conférence de presse du 21 février 1977, le candidat Jacques Chirac « envisage le doublement sur vingt ans des espaces verts autres que les bois de Boulogne et de

Vincennes et la suppression des clôtures et des murs qui morcellent et cachent les jardins ». Le Conseil de Paris s'en était ensuite fait l'écho *(voir notamment les débats au Conseil de Paris du 16 mai 1977 relatifs à la création de nouveaux espaces verts et ceux du 23 mai 1978 sur le « plan vert » parisien adopté avec des fonds régionaux)*. Ici encore, la surveillance des espaces verts ne pouvait longtemps échoir à des agents de la police nationale, sauf pour les cas d'urgence relevant de « police secours ». Pour assurer l'ouverture, la fermeture et la surveillance de ces espaces verts, il a fallu nommer des « agents d'accueil et de surveillance » relevant de la Mairie de Paris, et non plus des agents relevant de la préfecture de police. La population et les élus parisiens sont très attachés à ces espaces (*voir par ex Conseil de Paris, 14 novembre 2018, Delphine BÜRKLI, p. 510*).

- **Sur la question de la police du logement** : érigée en priorité absolue par tous les candidats à la Mairie de Paris depuis 1977, la question du mal-logement à Paris est âprement débattue depuis plusieurs générations, voire plusieurs siècles. Dans cette ville dense et ancienne, les habitations les plus luxueuses cohabitent traditionnellement avec des logements minuscules, sinon des taudis voire des bidonvilles, engendrant des épidémies de choléra au 19e siècle. Les romanciers s'en étaient fait l'écho dans des ouvrages connus (*notamment les Misérables de Victor Hugo, dont l'action se déroule dans les années 1830*). La loi du 13 avril 1850 et le décret du 26 mars 1852 avaient apporté des améliorations pour les « habitations bourgeoises » mais le problème du logement populaire ou social demeurait crucial en 1977 à Paris. Des « ilots insalubres » étaient répertoriés, où se mélangeaient termites, plombs, punaises, rats et autres maux du mal-logement. Les élus parisiens ont donc pu nommer des « inspecteurs de salubrité » intervenant non plus sur la voie publique mais dans les habitations, en application du code de la santé publique (art 48 devenu l'article L 1312-1), et en complément des services préfectoraux. Sur ce sujet crucial du logement, les compétences ont toujours été partagées entre Mairie de Paris et Etat (préfecture de police ou préfecture de

Paris), tant pour lutter contre l'habitat insalubre que pour limiter le montant des loyers (dispositif issu de la *LOI n° 2014-366 du 24 mars 2014 pour l'accès au logement et un urbanisme rénové*) ou limiter les locations touristiques de bâtiments d'habitation (*dispositif issu de la LOI n° 2009-888 du 22 juillet 2009 de développement et de modernisation des services touristiques).* **La question du logement (et de sa police spéciale) a toujours été centrale à Paris, loin devant les préoccupations de délinquance sur la voie publique**. Elle a justifié la création de services spéciaux relevant de la Mairie de Paris, dotés de pouvoirs de police (« inspecteurs de salubrité », « contrôleurs du ravalement », « contrôleurs des changements de destination des lieux d'habitation »…).

Avant la création officielle de la police municipale parisienne en 2021, on dénombrait déjà environ 5 000 agents avec des tâches de « police » à la Mairie de Paris *(débats au Sénat, 16 mars 2021, le ministre de l'Intérieur Gérald Darmanin).*

Pourtant, 35 ans après les premières réformes de 1986, la Maire de Paris évoquait la création d'un *"nouveau service public" (débats au Conseil de Paris, 2 juin 2021, p. 208, la Maire de Paris Anne Hidalgo).* Un élu de la majorité municipale évoquait également *"la montée en puissance depuis 2001"* sans mentionner les réformes antérieures *(débats au Conseil de Paris, 2 juin 2021, p. 210, Rémi Féraud).*

B-1. Les raisons de créer une police municipale parisienne

B-1-1. Raisons d'ordre public

Les débats successifs soulignent la nécessité de lutter contre les incivilités sur l'espace public (*débats au Conseil de Paris, 27 décembre 2000, Bertrand Bret). (débats Conseil de Paris 4 février 2019, p. 54 : La maire de Paris).* Donner des priorités à la police municipale relatives à la tranquillité / sécurité du quotidien et à la proximité avec la population *(débats Conseil de Paris 4 février 2019, p. 55 Madame La Maire de Paris)*. Notamment :

- **Assurer la propreté de Paris et le bon entretien du domaine public** *(débats Conseil de Paris 4 février 2019, p. 64 : Laurence Goldgrab Présidente du Groupe Radical de gauche, centre et indépendant) (Rémi Féraud, débats au Conseil de Paris, 9 mai 2017, p. 103)*. **C'était déjà le sens de la campagne municipale de 1977** (voir conférences de presse et débats au Conseil de Paris) **et de la réforme législative de 1986** *(débats au Sénat, 29 octobre 1986, le ministre délégué Yves Galland ; p. 4171, Christian de la Malène)*. Il fallait assurer une amélioration de la vie quotidienne *(débats à l'Assemblée nationale, 21 novembre 1986, p. 6706, Jean Tibéri)*. Cette amélioration passait notamment par les pouvoirs de verbalisation donnés aux inspecteurs de propreté / salubrité de la ville de Paris, au travers du code de la santé publique (ex art.48 devenu l'article L 1312-1) et du règlement sanitaire départemental (arrêté préfectoral de 1979) *(rapport Assemblée nationale n° 1148, 13 octobre 1982, Jean Tibéri, p. 17) (débats Assemblée nationale, 21 octobre 1982, Jean Tibéri, p. 6117 ; ibid. 23 octobre 1982, p. 6248) (débats à l'Assemblée nationale, 17 décembre 1986, p. 6284, Christian de la Malène)*. Peut-être fallait-il aller encore plus loin pour permettre au maire de Paris de garantir la qualité de l'espace public, sans pour autant nécessairement créer une « police municipale » (*débats au Conseil de Paris, 27 novembre 2000, Jacques Dominati, BMO p. 1402).*
- Plus généralement, la police municipale doit **garantir l'écologie urbaine** *(Débats au Conseil de Paris, 2 juin 2021, p. 222, Ariel Weil, Maire de Paris Centre)*. Ainsi, *« les*

niveaux de pollution de l'air dans la Capitale et ses alentours constituent un enjeu majeur de santé publique et nécessitent une action immédiate et de proximité qui devrait être facilitée par » [le transfert de compétences de police de la circulation à la Mairie de Paris] (*Esther Benbassa, débats Sénat, 7 novembre 2016, p. 16963).*

Un vœu du Conseil de Paris s'est même prononcé même pour que la ville de Paris puisse elle-même fixer le montant des amendes pénales en matière d'incivilités, notamment celles liées à la propreté *(débats au Conseil de Paris, 2 juin 2021, p. 233, vœu n 44).*

- **Assurer la bonne circulation des véhicules et la sécurité routière** (*débats au Conseil de Paris, 27 décembre 2000, le préfet de police) ; (débats Conseil de Paris 4 février 2019, p. 65 : Laurence Goldgrab Présidente du Groupe Radical de gauche, centre et indépendant) (Débats au Conseil de Paris, 2 juin 2021, p. 225, François Dagnaud, maire du 19e ; p. 226, la Maire de Paris Anne Hidalgo).* De longue date, des responsables parisiens et nationaux avaient d'ailleurs revendiqué pour le Maire de Paris des compétences en matière de circulation et de transport (*Jean Tibéri, mêmes interventions en 1982 et 1986*) *(débats AN, 28 avril 1998, Laurent Dominati, p. 48) (débats parlementaires relatifs à la loi du 27 février 2002)*. Le constat est devenu prégnant d'une circulation non maîtrisée dans la Capitale : *« la préfecture de police est incapable de répondre à la fois aux enjeux de police du quotidien, qui incluent la circulation et la tranquillité publique, et aux nécessités de l'ordre public et de la lutte contre la criminalité et le terrorisme. Mon propos n'est évidemment pas d'accabler la préfecture de police, qui d'ailleurs n'est plus que l'ombre d'elle-même… mais de relever les dysfonctionnements chroniques l'amenant à délaisser la sécurité du quotidien en raison d'une organisation inefficiente qui, associée à des réformes pénales démotivant la police, ne lui permet plus de remplir toutes ses missions. La première d'entre elles, abandonnée depuis des années, c'est la police de la circulation, qui autrefois régulait 120 à 150 points principaux prioritaires – grâce à 1 200 « voituriers de Lutèce », et se contente aujourd'hui de traiter les accidents* *ou d'encadrer les cortèges. Paris ne peut pas demeurer la seule capitale dépourvue de police de la circulation, surtout depuis que l'accumulation des embouteillages est portée à son paroxysme en raison, faut-il le rappeler, de la fermeture de la voie express rive droite dont découlent les pics de pollution constatés à Paris ! » (Philippe Goujon, débats AN, 14 décembre 2016, p. 8717).*

- **Lutte contre les nuisances sonores et le bruit gênant** *(débats Conseil de Paris février 2019, p. 56, la maire de Paris Anne Hidalgo, et p. 64 : Laurence Goldgrab Présidente du Groupe Radical de gauche, centre et indépendant).*
- **Lutte contre l'habitat insalubre et indigne :** avec la création d'une police du logement insalubre dès 1987, et d'agents privés de sécurité chargés de sécuriser le parc social parisien (création du GPIS en 2004).

Certains élus parlent même de « police d'ultra-proximité » et de « patrouille du quart d'heure » *(débats au Conseil de Paris, 2 juin 2021, p. 216, Florian Sitbon).*

Les débats rappellent la légitimité des collectivités locales à s'occuper de la sécurité du quotidien. Dès 2000, un ancien Premier ministre, lui-même conseiller de Paris, estimait que le statut de la préfecture de police était un « anachronisme choquant » (*débats au Conseil de Paris, 27 novembre 2000, Édouard Balladur, p. 1392).* L'opposition de l'époque souhaitait une coproduction équilibrée de la sécurité avec la Préfecture de Police, qu'il fallait sauvegarder, sans pour autant créer une police municipale (ibid. 27 nov. 2000, Bertrand Delanoe, *Henri Malberg, BMO p. 1398*). Cette logique de coproduction déjà citée a été reprise par de nombreux intervenants de tous bords politiques *(débats AN, 25 juin 2001, Claude Goasguen, p. 4735).*

Cette question de la proximité a ensuite recueilli une grande majorité d'opinions *(débats Conseil de Paris février 2019,* ***p.*** *78 : Mao Peninou pour le groupe DP).* **La police municipale aurait alors vocation à remplacer la police de proximité, disparue en 2002 suite à un changement de gouvernement** *(débats Conseil de Paris 4 février 2019, Pierre Aidenbaum, maire du 3e, p. 87) (idem, séance du 27 septembre 2017, Philippe GOUJON, pages 169 et 170) (Débats au Conseil de Paris, 2 juin 2021, p. 226, Jérome*

Coumet, Maire du 13e). Pour ces élus, la police nationale n'a pas le temps ou ne prend pas le temps de faire de la "proximité" *(débats Conseil de Paris 4 février 2019, p. 87 : Pierre Aidenbaum, Maire du 3e).* La Préfecture de police (environ 40 000 agents) ne veille plus vraiment sur les Parisiens donc il est apparu nécessaire de rapprocher la répartition des compétences entre le préfet de police et le maire de Paris du régime de droit commun, afin de permettre la mise en place d'une police municipale de plein exercice (*rapport du Sénat sur la Préfecture de Police, février 2017 ; débats au Sénat, 16 mars 2021, Philippe Dominati).*

Les grandes villes françaises sont pour la plupart dotées d'une police municipale *(débats au Conseil de Paris, 2 juin 2021, p. 207, la Maire de Paris Anne Hidalgo).* Les élus de Paris ont débattu de l'opportunité d'en créer une, mais la question ne se pose plus en banlieue car *« presque tous les départements de petite couronne disposent d'une police municipale et la question de la coordination de l'ensemble, dans un souci d'efficacité, devrait être posée » (débat sur le rapport du Sénat, Conseil de Paris, fév. 2017, p. 67, Philippe Dallier).*

La police municipale parisienne doit ainsi pallier l'absence, sinon les insuffisances, de la police nationale à Paris (Préfecture de police) pour mener cette lutte contre les incivilités *(débats Conseil de Paris 4 février 2019, p. 54 : la Maire de Paris Anne Hidalgo).*

Le Gouvernement lui-même a fini par explicitement reconnaître la nécessité de soulager la préfecture de police : *« la poursuite des transferts de police paraît aujourd'hui nécessaire, d'une part, dans un souci de simplification administrative et d'une meilleure prise en compte, par les élus municipaux, des attentes des Parisiens et, d'autre part, afin de permettre aux services de la préfecture de police de se recentrer sur leurs missions de sécurité et de lutte contre le terrorisme » (Projet de loi relatif au statut de Paris et à l'aménagement métropolitain, étude d'impact, 1er août 2016, p. 5).*

Les élus parisiens notent ainsi un désengagement de la police nationale à Paris, dû à l'affaiblissement de la Préfecture de police *(débats AN, 25 juin 2001, Claude Goasguen, p. 4728) (débats*

Conseil de Paris 4 février 2019, p. 60 : David Belliard, Président du groupe écologiste, p. 61 : Nicolas Bonnet-Oulaldj, présent du groupe communiste, front de gauche, 74 : Mr Didier Le Reste, 85 : Pascal Julien groupe écologiste Paris, 97 Madame la Maire de Paris). La Préfecture de Police aurait trop de tâches liées à la délinquance, à la police judiciaire, aux manifestations... pour gérer les "incivilités du quotidien" *(débats Conseil de Paris 4 février 2019, p. 72 : Jérôme Coumet Maire du 13e).*

Ce désengagement de l'État est jugé ancien. À l'occasion de la création du district de la région de Paris, les parlementaires dénonçaient déjà l'insuffisance des personnels de police dans Paris et ses environs *(débats AN, 21 juin 1961, p. 1200, Jean Paul Palewski, député de la Seine et Oise).* Lors de la rénovation du statut de Paris (loi du 31 décembre 1975), également en 1982 (loi PML) puis en 1986 (statut de Paris), certains parlementaires puis le Gouvernement lui-même ont souhaité que **la Préfecture de police puisse se recentrer sur les missions de sécurité des personnes et des biens** *(débats AN, 2 décembre 1975, Georges Mesmin, député et conseiller de Paris, p. 9200, propos rappelés par Alain Dumait au Conseil de Paris, 27 novembre 2000, BMO p. 1413) (débats au Sénat, 29 octobre 1986, le ministre délégué Yves Galland) (débats à l'Assemblée nationale, 21 novembre 1986, p. 6692, le ministre délégué Yves Galland) (Jean Bernard Bros, débats au Conseil de Paris, 9 mai 2017, BMO p. 101).* La préfecture de police devait surtout **assurer l'« ordre public » à Paris**, et laisser aux services de la Mairie des tâches liées à la salubrité, la propreté et conservation du domaine public, voire au stationnement et à la circulation (*débats AN 23 octobre 1982, p. 6248, Jean Tibéri et Gilbert Gantier ; ibid. p. 6249 Jacques Toubon) (rapport au Sénat, 23 octobre 1986, p. 26, Christian de la Malène) (débats à l'Assemblée nationale, 21 novembre 1986, p. 6704, Gilbert Gantier) (rapport à l'Assemblée nationale, 13 novembre 1986, Pierre Mazeau, p. 25) (débats au Sénat, 17 février 1999, Bernard Plasait).*

Ce diagnostic avait été de nouveau été posé **en novembre 2000 par le rapport de Michèle Laure Rassat**, rendu au maire de Paris pour la création d'un « service parisien de protection » de 5 350 agents (le Parisien, 21 novembre 2000), avec une démarche de police municipale qui avait été explicitée par le Maire de Paris à l'occasion d'un débat sur le statut de Paris (Conseil de Paris, 27 novembre 2000) puis lors du vote du budget spécial de la préfecture de police (séance du 27 décembre 2000).

Ce service parisien de protection devait soulager la préfecture de police, lui permettre de se recentrer sur ses missions premières, agir en complémentarité avec elle, avec des agents municipaux proches du terrain… Ce à quoi le Préfet de police avait répondu, dans cette même séance, en soulignant les succès de la police de proximité, elle-même vantée par le Maire de Paris (*débats au Conseil de Paris, 27 novembre 2000, le Maire de Paris Jean Tibéri, p. 1389)* (!). La réforme de la préfecture de police, dans le sens de la « proximité », avait d'ailleurs été louée par le ministre de l'Intérieur au Parlement à l'occasion de la discussion de la loi relative aux polices municipales *(débats AN, 28 avril 1998, p. 13 ; débats Sénat, 17 février 1999)*. À ce titre, une police nationale de proximité, y compris au sein de la Préfecture de police, pourrait conclure des contrats locaux de sécurité et ainsi permettre à la ville de Paris de développer ses actions de prévention et de donner son avis sur les actions plus répressives *(débats AN, 28 avril 1998, Christophe Caresche, p. 37)*.

Rapport de Marie Laure Rassat
remis au Maire de Paris, octobre 2000,
conclusion

« Après avoir analysé les principes modalités d'organisation de Service Parisien de protection, la *Commission* confirme son sentiment que ce service apporterait une certaine amélioration à la vie quotidienne des Parisiens, mais demande que la nature de cette amélioration soit bien comprise et bien expliquée.

Il ne paraît pas faire de doute pour la *Commission* que la création d'un service de police municipale est fortement attendue des Parisiens, malgré ce que certains en disent. Un sondage réalisé pour le compte de la Préfecture de police les 13 et 14 janvier 1998 (*Rapport au ministre*, p. 30) montre que les Parisiens interrogés sur les objectifs les plus importants d'une réforme de la Préfecture de police citaient en premier lieu et à égalité une plus grande présence des policiers sur la voie publique et des relations plus étroites et plus confiantes entre la police et la population (55 %), attentes qui peuvent être considérées comme valant autant, sinon plus, pour la création d'une police municipale. Le même sondage ajoutait qu'interrogés sur les actions à mener en priorité pour améliorer la sécurité, les Parisiens invoquaient, en premier lieu, la répression (47 %).

Ces résultats amènent cependant *la Commission* à nourrir la crainte que ce qui sera pour les Parisiens, même si cela est moins important qu'on ne pouvait le redouter, la source d'une charge financière supplémentaire, ne puisse être également pour eux, à l'usage, une source de déception.

Si elle est, en effet convaincue, ainsi que cela a déjà été dit, que la création d'une police municipale apporterait une indéniable amélioration à la vie quotidienne des Parisiens dans tous les secteurs de la police administrative (circulation, stationnement, propreté, tranquillité) elle craint qu'il n'y ait dans l'esprit de la population une ambiguïté sur la fonction policière municipale et que les Parisiens en attendent trop, notamment dans le domaine de la sécurité.

Il est d'observation courante et au surplus logique, que la création d'une police municipale où que ce soit, n'a jamais fait reculer la délinquance dans ces communes, pas plus d'ailleurs que le développement de la Police nationale n'a jamais produit ce résultat sur l'ensemble du territoire. On ne commet pas, d'une manière générale, d'infractions sous le nez de policiers nationaux ou municipaux mais on n'est pas pour autant dissuadé de la faire, car on les commettra ailleurs et/ou à un autre moment.

Chacun sait bien, en effet, que la solution au problème de la délinquance de violence urbaine, si solution il peut encore y avoir au niveau où l'on en est parvenu, ne repose pas, en démocratie, prioritairement sur la police mais essentiellement sur la justice, les polices nationale ou municipale n'ayant pour rôle, selon les cas, que d'interpeller ou d'identifier les délinquants pour que la justice statue sur leur cas. Or la politique pénale actuellement menée en France, qui privilégie d'autres stratégies, se désintéresse de la délinquance violente contre les personnes et les biens dès lors qu'elle n'a pas atteint, en pratique, le niveau criminel. Peu importe dès lors le nombre de policiers susceptibles d'identifier et d'arrêter les délinquants quand on sait que la suite ne suivra pas et le *Contrat parisien de sécurité* est à cet égard éclairant lorsqu'on y lit, par exemple, à propos des violences en milieu scolaire qu'il faut « préserver l'équilibre psychologique des jeunes en évitant de stigmatiser judiciairement les faits et leurs auteurs » (p. 19). Dans cette optique les Parisiens, comme d'ailleurs tous les Français, ont beaucoup de souci à se faire.

Il importe donc que les Parisiens soient clairement informés de ce qu'une police municipale est, dans l'ordre de l'insécurité, un remède de confort, certes non négligeable (« présence rassurante et dissuasive de policiers en tenue », *Rapport du Préfet au ministre*, p. 19) dans la mesure où elle permet aux policiers nationaux de se consacrer entièrement à la lutte contre l'insécurité. Mais elle ne saurait être à elle seule un traitement de fond de nature à restaurer le style de vie publique urbaine (à tous les sens du terme) à laquelle, pour la majorité d'entre eux, ils aspirent. »

Même les élus qui proposaient de longue date de créer une police municipale se refusaient à faire disparaître la Préfecture de police. Ainsi *« Afin de tenir compte des contraintes qui pèsent sur Paris, en tant que capitale, certains pouvoirs en matière de circulation et de stationne ment seraient conservés au préfet de police, pour assurer la protection des institutions de la République ainsi qu'en cas de manifestation sur la voie publique, mais la police municipale, avec cet amendement, serait exercée par le maire de Paris, sous réserve de substitution au profit du représentant de l'État » (Arnaud Richard, débats AN, 14 décembre 2016, p. 8742).*

Ce souhait de préserver la Préfecture de police était d'autant plus avéré en période post attentats terroristes / état d'urgence : *« Je pense que nous sommes d'accord pour ne pas déstabiliser la préfecture de police, surtout en la période particulière que nous vivons en ce moment. Il serait paradoxal, au lendemain de la prorogation de l'état d'urgence ici même, de fragiliser par la loi la préfecture de police » (Patrick Bloche, débats AN, 14 décembre 2016, p. 8744) (ibid., même séance, Arnaud Richard, p. 8749).*

Au travers des débats parlementaires et au Conseil de Paris, **on note un revirement / point de bascule entre 2017 et 2018 qui a emporté la décision de créer une police municipale à Paris** : les manifestations successives des « gilets jaunes » ont mis trop de pression sur la Préfecture de Police, qui devait désormais se concentrer sur ses fonctions prioritaires de lutte contre les crimes et délits *(débats Conseil de Paris 4 février 2019, p. 76 : Pierre-Yves Bournazel, groupe les républicains indépendants).* La Préfecture de police semblait avoir été débordée par les manifestations des gilets jaunes en 2018 / 2019 (*débats Conseil de Paris février 2019, p. 82 : Philippe Goujon, Maire du 15e arrdt).* Les attentats de 2015 et les manifestations récurrentes avaient rendu nécessaire la création de la police municipale parisienne *(débats Conseil de Paris 4 février 2019, p. 97 : Madame la Maire de Paris Anne Hidalgo).* La Préfecture de police devait donc se recentrer sur ses missions de maintien de l'ordre, lutte contre la criminalité et terrorisme *(débats AN, 25 juin 2001, Claude Goasguen, p. 4728) (débats au Sénat, 16 mars 2021, Pierre Charon).*

La création de la police municipale parisienne serait alors la conséquence de l'affaiblissement et du surcroît de travail de la Préfecture de Police *(débats AN, 25 juin 2001, Pierre Lellouche, p. 4733) (débats Conseil de Paris 4 février 2019, p. 84 : Marinette Bache, groupe socialiste et apparentés) (débats au Conseil de Paris, 2 juin 2021, p. 209, Rémi Féraud).* D'ailleurs, la Préfecture de Police elle-même demandait plus d'efforts à la ville de Paris en matière de sécurité *(débats au Conseil de Paris 4 février 2019, p. 95 : le Préfet de Police Didier LALLEMENT).*

Des rapports thématiques (précités) du Sénat (février 2017) puis de la Cour des comptes (oct. 2019 et déc. 2023) illustrent l'affaiblissement, la désorganisation et la chute de performance globale de la Préfecture de police en ce qui concerne son action dans l'agglomération parisienne, et notamment à Paris *(Sénat et Cour des comptes, rapports thématiques, février 2017 et octobre 2019 sur l'étude de la période 2008-2018, rapport de la Cour des comptes de décembre 2023, voir introduction).* La gestion par la Préfecture de police des incidents aux abords du Stade France (mai 2022) a émis un signal négatif sur l'organisation et la doctrine d'emploi de la Préfecture de police (voir rapport spécial précité du Sénat, n° 776, 13 juillet 2022).

À compter de 2019, voire même un peu avant, au vu de ces évolutions et de ces rapports officiels, **la Préfecture de Police et, à**

travers elle, l'État, n'est donc pas ou plus opposée à la création de la police municipale parisienne : « *Et ce n'est pas la faute du préfet de police : Il a dit lui-même, lors de son audition, qu'il n'était pas opposé à la création d'une police municipale. La préfecture devant, en tout état de cause, se concentrer sur ses missions régaliennes, il nous a indiqué ne pas exclure « qu'on aille plus loin en matière de transfert, en observant ce qui se fait dans les grandes villes où il y a des polices d'État ». Et il a reconnu que c'était bien la ville qui avait bloqué toute avancée en refusant d'assumer sa part de responsabilité en matière de sécurité ! » (Nathalie Kosciusko-Morizet, débats AN, 14 décembre 2016, p. 8705).*

Ce diagnostic a été repris au Conseil de Paris *(débats Conseil de Paris 4 février 2019, p. 96 : le Préfet de Police Didier Lallement) (débats au Conseil de Paris, 2 juin 2021, p. 209, même auteur)*. La Préfecture de police reconnaissait qu'elle devait se recentrer notamment pour combattre le terrorisme et la grande délinquance *(débats Assemblée nationale, 19 novembre 2020, Pacôme Rubin)*. La création d'une police municipale parisienne était donc vue comme une évolution naturelle (*débats Assemblée nationale, 19 novembre 2020, Hervé Saulignac*), allant dans le sens de l'histoire d'une liberté municipale retrouvée à Paris sans pour autant remettre en cause l'existence même de la Préfecture de police *(débats AN, 28 avril 1998, Laurent Dominati, p. 47) (débats au Conseil de Paris, 27 novembre 2000, le Maire de Paris Jean Tibéri, p. 1388 ; ibid. 11 juin 2019, Colombe BROSSEL page 252* ; *ibid., débats 2 juin 2021, p. 207, la maire de Paris Anne Hidalgo)*. La ville de Paris, autrefois misérable et dangereuse, aujourd'hui prospère et gérable, devait retrouver un statut de (quasi) droit commun pour gérer sa police municipale *(débats AN, 25 juin 2001, Claude Goasguen, p. 4728 ; ibid. Laurent Dominati, p. 4730)*. De même, *« Depuis le mois de septembre 2016, la ville de Paris a déjà un embryon de police municipale qui ne dit pas son nom, la brigade de lutte contre les incivilités. La police nationale est actuellement sollicitée presque exclusivement par des enjeux de police judiciaire, elle ne peut pas assurer ses missions de police administrative, de prévention et de sécurité de proximité, ce qui manque à Paris » (Arnaud Richard, débats AN, 14 décembre 2016, p. 8719).*

Pour autant, la création de la PMP ne devait pas être une source de désengagement supplémentaire de la Préfecture de Police à Paris *(rapport de la Cour des comptes, oct. 2019) (débats au Conseil de Paris, 2 juin 2021, p. 208, la Maire de Paris ; p. 228, Nicolas Nordman, adjoint à la sécurité).*

B-1-2. Raisons de transparence et de clarification conduisant à créer une police municipale parisienne

La complexité des règles de police à Paris est un constat récurent depuis le XIXe siècle, du fait du caractère intouchable des textes de l'an VIII (*voir notamment les débats à la chambre des députés le 13 janvier 1834, Armand Jacques Lherbette, p. 659).*

Il y avait donc une nécessité de clarifier les statuts et compétences des agents *(débats Conseil de Paris, 4 février 2019, p. 55 : la Maire de Paris et p. 64 : Laurence Goldgrab Présidente du Groupe Radical de gauche, centre et indépendant) (débats au Conseil de Paris, 2 juin 2021, p. 228, Nicolas Nordman, adjoint à la sécurité).*

La réforme permanente des services de la DPP, puis de la DPSP *(débats Conseil de Paris 4 février 2019, p. 73 : Jacques Boutault, maire du 2e arrdt)* a eu pour conséquence la nécessité de clarifier les compétences et statuts des multiples agents concernés par la sécurité (*débats Conseil de Paris 4 février 2019, p. 74 : Didier Le Reste / P83 : Philippe Goujon, Maire du 15e arrdt et p. 86 : Brigitte Kuster, groupe les républicains et indépendants) :* ISVP, ASP, contrôleurs, TTPS, AAS, médiateurs... Il fallait rendre cohérent cet ensemble d'agents et de sigles qui était incompréhensible pour le grand public, et même pour la majorité des élus.

Néanmoins, certains élus ont relevé que les confusions perduraient malgré toutes ces réformes, du fait du maintien des compétences de la Préfecture de police *(débats à l'Assemblée nationale, 21 novembre 1986, p. 6708, Georges Sarre) (débats à l'Assemblée nationale, 17 décembre 1986, p. 6285, Michel Darras) (débats AN, 25 juin 2001, Laurent Dominati, p. 4731) (débats au Conseil de Paris, 3 juillet 2017, Philippe Goujon, p. 93).*

Dès 1975 puis 1986, l'idée était pourtant de clarifier les compétences entre administrations parisiennes en matière de police *(débats AN, 3 décembre 1975, André Fanton, p. 9276) (rapport au Sénat, 23 octobre 1986, p. 24, Christian de la Malène).* La loi du 27 février 2017 poursuivait également cet objectif (*Projet de loi relatif au statut de Paris et à l'aménagement métropolitain, étude d'impact, 1er août 2016, p. 32) (le ministre Jean Michel Baylet, débats Sénat, 7 novembre 2016, p. 16955).* Un sénateur notait ainsi que *« La distinction entre les pouvoirs de la municipalité parisienne et ceux de la préfecture de police est d'ores et déjà extrêmement délicate, compte tenu des statuts. Avec l'implication régionale, il faudra peut-être définir les limites des pouvoirs du préfet de police au sein même de la région » (Laurent Dominati, débats Sénat, 8 novembre 2016, p. 17058).*

En 2019, cette simplification était encore demandée par la Cour des comptes (rapport thématique précité, oct. 2019, et sa suite, décembre 2023). Cette simplification est esquissée par la convention de coordination du 18 octobre 2021 conclue entre la Mairie de Paris, la Préfecture de police et le Parquet de Paris en matière de nuisances sonores, ébriété sur la voie publique, manifestations, stationnement gênant, contrôles routiers…

Le Préfet de police lui-même dénonçait une confusion des compétences, malgré les réformes successives, notamment en matière de circulation et de stationnement :

> *« Le problème, c'est qu'il faut désormais prendre un plan de Paris pour comprendre qui est responsable, et de quoi. Par exemple, la rue de Rivoli est municipale, sauf quand elle borde la mairie de Paris. Quelques centaines de mètres où ce peut être l'État qui est compétent. C'est une véritable usine à gaz. Sans même évoquer, autre exemple, les compétences de la préfecture de région sur la police de navigation sur la Seine. Le système institutionnel est devenu trop compliqué, le citoyen ne peut plus s'y reconnaître, De son côté, la municipalité a tendance à vouloir aller au plus court et tient peu compte des compétences qui restent à l'État. La préfecture est devenue un obstacle pour la mairie. Presque son pire cauchemar ! »*
>
> (*L'ordre nécessaire*, Didier Lallement avec Jean Jérome Bertolus, éd. Robert Lafont, 2022, p. 167).

B-2. Les moyens employés pour créer une police municipale parisienne

B-2-1. Moyens stratégiques

Dans une optique de « police de proximité », la création de la police municipale parisienne doit **associer prévention et répression** (*débats au Conseil de Paris, 27 novembre 2000, Christophe Caresche, BMO p. 1411*) (*débats au Conseil de Paris, 27 décembre 2000, Bertrand Bret*), quitte à prévoir des mécanismes et des aménagements de « sécurité passive » *(ibid., 27 décembre 2000, le Préfet de police)* ou des aménagements urbains qui apportent un sentiment de sécurité (*débats au Conseil de Paris, 27 novembre 2000, Christophe Caresche, BMO p. 1411*). Cette exigence de prévention de la délinquance revient très souvent dans les débats *(débats Conseil de Paris 4 février 2019, p. 55 : Madame la Maire de Paris, p. 61 : Monsieur Nicolas Bonnet-Oulaldj, présent du groupe communiste, front de gauche, p. 65 : Laurence Goldgrab Présidente du Groupe Radical de gauche, centre et indépendant, p. 68 : Mme Léan Filoche EGCP, p. 81 Madame Danièle Premel, groupe communiste, front de gauche)*. La prévention ne s'oppose ainsi pas à la répression *(Débats au Conseil de Paris, 2 juin 2021, p. 227, la Maire de Paris Anne Hidalgo)*.

Associer la population apparaît donc essentiel : il faut tisser des liens entre population et police municipale (*débats au Conseil de Paris, 27 novembre 2000, Alain Dumait, BMO p. 1413)*, avec pour conséquence de créer un Observatoire de la tranquillité publique *(débats Conseil de Paris 4 février 2019, p. 58 : Eric Azière, président du groupe UDI-MODEM)*. La police municipale parisienne doit ainsi être joignable par tous les citoyens *(débats Conseil de Paris 4 février 2019, p. 91, Colombe Brossel)*.

Il faut **associer des partenaires et assurer une coordination** entre PN, PM et GPIS *(débats Conseil de Paris 4 février 2019, p. 79 : Frédérique Calandra, maire du 20e) (Débats au Conseil de Paris, 2 juin 2021, p. 226, Jérome Coumet, Maire du 13ᵉ)*, tout en assurant une distinction entre PN et PM *(débats Conseil de Paris 4 février 201, p. 80 : Fatoumata Koné, groupe écologiste)*. Des actions coordonnées sont aussi à mener avec la SUGE, le GPSR et le GPIS. *(Débats Conseil de Paris 4 février 2019, p. 95 : le Préfet de Police Didier Lallement)*.

Les élus en appellent ainsi au concept de « continuum de sécurité » *(débats au Conseil de Paris, 2 juin 2021, p. 214, Eric Lejoindre, Maire du 18e ; p. 227, la Maire de Paris Anne Hidalgo).*

Tout en souhaitant la création de la police municipale parisienne, les intervenants rappellent l'importance et le caractère incontournable de la préfecture de Police *(débats au Sénat, 29 octobre 1986, p. 4170, Michel Dreyfus Schmidt) (débats Conseil de Paris 4 février 2019, p. 55, la Maire de Paris Anne Hidalgo).* Il faut rechercher un équilibre entre PN - PP (Etat) et PM (Paris) *(débats Conseil de Paris 4 février 2019, p. 92 Colombe Brossel*). La création de la PMP ne modifie pas les compétences de la Préfecture de Police *(débats Assemblée nationale, 19 novembre 2020, le ministre de l'Intérieur Gérald Darmanin).* Il faut assurer un partenariat efficace entre Mairie de Paris (tranquillité) et Préfecture de police (sécurité), *(débats au Conseil de Paris, 2 juin 2021, p. 207 et 208, la Maire de Paris Anne Hidalgo).*

La création de la PMP est censée ne pas modifier l'équilibre des compétences entre Mairie et préfecture de police *(débats au Conseil de Paris, 2 juin 2021, p. 209, le Préfet de Police de Paris)*, alors même que cet équilibre était jugé ambigü et complexe par la Cour des comptes (rapport précité d'octobre 2019).

Un niveau plus haut, les intervenants rappellent la **nécessité de penser la sécurité au niveau du Grand Paris** *(débats Conseil de Paris 4 février 2019, p. 78 Mao Peninou pour le groupe DP).* La sécurité à Paris ne doit pas faire oublier la nécessité de doter en effectifs les polices de la petite couronne *(débats Assemblée nationale, 19 novembre 2020, Stéphane Peu).*

Il faut associer les mairies d'arrondissement mais avec une influence limitée des Maires d'arrondissement dans le pilotage de la PMP *(débats Conseil de Paris 4 février 2019, p. 55, la Maire de Paris Anne Hidalgo ; p. 59 Rémi Féraud et p. 89 Eric Lejoindre, maire du 18e).* Il est noté la nécessité d'avoir une police municipale coordonnée au niveau central et non uniquement au niveau des arrondissements *(débats Conseil de Paris 4 février 2019, p. 72 Jérôme Coumet Maire du 13e).* Les Maires d'arrondissement ont une légitimité incontestable malgré un pouvoir réduit *(débats au Sénat, 16 mars 2021, le ministre de l'Intérieur Gérald Darmanin).* Il faut assurer un "lien permanent" entre la PMP et les élus des arrondissements *(débats au Conseil de Paris, 2 juin 2021, p. 210, Rémi Féraud)*, sans pour autant imaginer 17 polices municipales séparées *(débats au Conseil de Paris, 2 juin 2021, p. 214, Eric Lejoindre, Maire du 18e).* Le Maire du 13e arrdt estime ainsi que « chaque arrondissement doit être l'échelon du territoire où cette coordination devra se réaliser prioritairement » *(Débats au Conseil de Paris, 2 juin 2021, p. 226, Jérome Coumet, Maire du 13e).*

L'association avec la justice, services du Procureur et juges, est quant à elle peu évoquée par les intervenants, malgré quelques déclarations (*débats au Conseil de Paris, 27 novembre 2000, Georges Sarre, BMO p. 1399) (débats AN, 25 juin 2001, Robert Pandrau, p. 4731) (débats au Conseil de Paris, 2 juin 2021, p. 215, Eric Lejoindre, Maire du 18e),* alors même que le Procureur général près la Cour d'appel de Paris a dénoncé un « déni de justice » du fait de l'enlisement des plaintes déposées auprès de la Préfecture de police *(observation au rapport de la Cour des comptes, oct. 2019, p. 128)*. À l'inverse, certains élus dénoncent une mauvaise relation entre police et justice *(débats AN, 25 juin 2001, Pierre Lellouche, p. 4733).*

B-2-2. Moyens en ressources humaines

Le recrutement des agents de la PMP doit permettre d'atteindre environ 3 500 ou 5 000 agents, ce qui placerait la Mairie de Paris dans la moyenne haute des grandes villes de France *(débats au Conseil de Paris, 2 juin 2021, p. 229, Nicolas Nordman, adjoint à la sécurité)*[1].

Il faut que le statut des agents de la PMP soit en homologie avec ceux de la FPT *(débats au Conseil de Paris, 2 juin 2021, p. 208, la Maire de Paris Anne Hidalgo).* Il faut notamment éviter que les recrutements de la PMP se fassent au détriment de ceux des autres communes de l'Ile de France, du fait des avantages que la ville de Paris octroie à ses agents *(débats Assemblée nationale, 19 novembre 2020, Jean Christophe Lagarde).* Ainsi, la PMP ne doit pas être un « aspirateur » qui handicaperait les villes de banlieue *(débats*

[1] Rappel chiffré : en 2020, on dénombrait en France environ 430 000 agents de sécurité publique ou privée (débats Assemblée nationale, 17 novembre 2020, Jean Michel Fauvergue).

Assemblée nationale, 19 novembre 2020, le ministre de l'Intérieur Gérald Darmanin).

Il faut assurer une formation de qualité aux agents de la police municipale *(débats Conseil de Paris 4 février 2019, p. 56, la Maire de Paris Anne Hidalgo).* Cette formation doit être à la hauteur des nouveaux pouvoirs donnés aux agents *(débats Assemblée nationale, 19 novembre 2020, le ministre de l'Intérieur Gérald Darmanin)*. La formation des agents doit leur permettre de faire valoir leur droit à la mobilité professionnelle dans toute la France *(débats Assemblée nationale, 19 novembre 2020, p, Brigitte Kuster)*. Cette formation doit notamment comprendre des modules complémentaires concernant les spécificités parisiennes *(débats au Conseil de Paris, 2 juin 2021, p. 209, Rémi Féraud ; p. 229, Nicolas Nordman, adjoint à la sécurité).*

Au-delà de l'aspect quantitatif, les agents de la DPMP doivent être exemplaires, notamment au niveau de la déontologie *(débats au Conseil de Paris, 2 juin 2021, p. 208, la Maire de Paris Anne Hidalgo).*

B-2-3. Moyens matériels de la PMP

L'utilisation des caméras piétons par la PMP a été envisagée dès sa création *(débats au Conseil de Paris, 2 juin 2021, p. 209, Rémi Féraud).*

L'utilisation de la vidéo surveillance est aussi débattue : pour certains élus de la majorité, il s'agit d'un procédé qui doit être réservé à la Préfecture de police (Colombe BROSSEL, Conseil de Paris, Séances des 3 et 4 juillet 2017, p. 105) (Pascal Julie, groupe écologiste, CP séance du 25 septembre 2017, page 130) ; pour l'opposition, au contraire, ce sont près de 1 360 caméras qu'il faudrait installer *(débats au Conseil de Paris, 2 juin 2021, p. 211, Brigitte Kuster).*

III
Les ambiguïtés de la création d'une police municipale parisienne au travers des débats politiques

Que ce soit au Parlement ou au Conseil de Paris, les élus reconnaissent qu'il s'agit d'un sujet clivant et ambigü *(débats Conseil de Paris 4 février 2019, p. 67 : Julien Bargeton, président du groupe DP, p. 72 : Jérôme Coumet, Maire du 13e)*

- Sujet clivant et évolutif, y compris au sein de l'Etat *(débats Conseil de Paris 4 février 2019, p. 72, Jérôme Coumet Maire du 13e)*
- Un clivage pourrait même se créer entre une police "noble" et une "police du quotidien" *(Débats au Conseil de Paris 4 février 2019, p. 74 : Didier Le Reste)*

A - Ambiguïté sur la nécessité et le pilotage de la PMP

Il y aurait un décalage entre perception et réalité de la sécurité de la part des habitants suite à l'audit réalisé en 2018 *(débats Conseil de Paris, 4 février 2019, p. 68 : Léa Filoche EGCP)*. Il y aurait donc une nécessité de dresser un bilan de la situation actuelle de la sécurité. Certains élus estiment en séance que la question de la sécurité n'a jamais été la priorité des électeurs parisiens depuis les premières élections municipales de mars 1977. Dans ce contexte, pourquoi créer une police municipale ?

Néanmoins, la Maire de Paris estime que la création de PMP est une réponse forte et évidente à la demande de sécurité des Parisiens *(débats au Conseil de Paris, 2 juin 2021, p. 207, la Maire de Paris Anne Hidalgo)*.

Il faudrait certes associer les **mairies d'arrondissement**... mais avec une influence limitée dans le pilotage de la PMP *(débats Conseil de Paris 4 février 2019, p. 55 la Maire de Paris, p. 59 Rémi Féraud et p. 89 Eric Lejoindre maire du 18e)*. La réflexion est ancienne : *« Le but est donc de mener jusqu'au bout la réflexion sur l'instauration d'une police municipale à Paris qui, pour être parfaitement en prise avec les réalités du terrain, devra s'appuyer sur les maires d'arrondissement » (Yves Pozzo di Borgo, débats Sénat, 8 novembre 2016, p. 17032) (débats Conseil de Paris, 10 décembre 2018, Déborah PAWLIK, p. 83).*

Certains élus souhaitent ainsi créer une police municipale d'arrondissement, c'est-à-dire une police municipale par arrondissement *(débats Conseil de Paris 4 février 2019, p. 76 : Déborah Pawlik, groupe PPCI) (Conseil de Paris* 14 novembre 2018, Pierre AURIACOMBE, page 258). La Maire de Paris elle-même souhaite que les Maires d'arrondissement définissent les "priorités locales" de la PMP *(débats au Conseil de Paris, 2 juin 2021, p. 208, la Maire de Paris Anne Hidalgo).* D'autres élus estiment que les Maires d'arrondissement sont les "acteurs principaux de la police municipale" *(débats Assemblée nationale, 19 novembre 2020, Brigitte Kuster) (débats au Conseil de Paris, 2 juin 2021, p. 210, même intervenante).*

Cette question du statut et des compétences des arrondissements a été au cœur des controverses des lois du 31 décembre 1982 (PML) et du 28 février 2017 (statut de Paris). Étonnamment, les opposants à la création des conseils d'arrondissement en 1982 sont devenus leurs défenseurs en 2017 au nom de la « proximité », alors qu'était également en cause l'« unité de Paris » et le risque de « balkanisation » de la Capitale si les arrondissements devenaient dotés de la personnalité morale avec des compétences exclusives *(le ministre Jean Michel Baylet, débats Sénat, 8 novembre 2016, p. 17024 et 17026).*

La controverse sur les arrondissements a émaillé quasiment toutes les séances de discussions parlementaires (*voir débats au Sénat des 7, 8 et 9 novembre 2016 ; débats à l'Assemblée nationale des 14, 15, 16, 20 décembre 2016, 17 janvier et 16 février 2017).* Ainsi, les défenseurs de l'unité de la Capitale rappellent que *« Paris n'est pas l'addition de vingt arrondissements qui pourraient s'opposer sur de grands principes de solidarité » (Pierre Laurent, débats Sénat, 8 novembre 2016, p. 17022).* De même, les personnels doivent avoir un unique chef, c'est-à-dire le / la Maire de Paris, car *« les personnels de la Ville de Paris ont un statut unique et aucune organisation syndicale ne souhaite un morcellement des lieux de décision. Il se pose notamment le problème des notations ; il doit y avoir un système central pour suivre les personnels » (Roger Madec, débats Sénat, 8 novembre 2016, p. 17030)* et *« Il faut une politique centrale au niveau tant de la préfecture que de la mairie de Paris sur les problèmes de sécurité et de police, quels qu'ils soient »* (ibid., Roger Madec, p. 17032). Dans le même ordre d'idées, Paris ne doit pas devenir une « confédération de communes » (*Patrick Mennucci, débats AN, 14 décembre 2016, p. 8701).*

B - Ambiguïtés sur les compétences et les moyens d'action de la PMP

B-1. Notions liées à la tranquillité et la sécurité publiques

Les débats montrent une certaine confusion entre les notions de "tranquillité", de "sécurité", d'« ordre public » et de « compétences régaliennes » *(débats au Conseil de Paris, 2 juin 2021, p. 208, la Maire de Paris Anne Hidalgo*). Certains élus veulent que la police municipale parisienne agisse contre les violences ou les vols *(débats au Conseil de Paris, 2 juin 2021, p. 210, Brigitte Kuster ; p. 223, Delphine Burkli, Maire du 9e),* contre la « petite délinquance » *(débats au Conseil de Paris, 2 juin 2021, p. 213, Nicolas Jeanneté)*, ou pour « dresser des contraventions contre la délinquance du quotidien », ce qui est une contradiction en droit pénal *(débats au Conseil de Paris, 2 juin 2021, p. 213, le Maire du 15e Philippe Goujon)*.

D'autres élus appellent en revanche à bien distinguer ce qui relève de la police municipale et de la police nationale, notamment en ce qui concerne le grand banditisme *(débats Assemblée nationale, 19 novembre 2020, Ugo Bernalicis).*

La notion même d'« incivilités » est mal définie, oscillant entre contraventions et délits : il s'agirait pour la police municipale parisienne, par exemple, de « dissuader les agressions » *(débats au Conseil de Paris, 2 juin 2021, p. 208, le Maire du 17e Geoffroy Boulard)* ou même de réprimer les « petits délits du quotidien » : *« la police quotidienne, celle de la lutte contre les dégradations* *volontaires ou les petits trafics, le tapage, la vente à la sauvette, la mendicité agressive, ou encore la gestion de la circulation. Toutes les infractions que je viens d'évoquer vont bien plus loin que les fameuses « incivilités » dont la maire de Paris a parlé... et dont elle veut faire sa priorité » (Nathalie Kosciusko-Morizet, débats AN, 14 décembre 2016, p. 8705).* Les députés eux-mêmes semblent perplexes sur le sujet : *« Mais plutôt que d'en faire une vraie police municipale, elle en fera une police dite d'incivilités. Qu'est-ce qu'une police d'incivilités ? Je vous laisse méditer sur cette question. Aujourd'hui, alors que nous connaissons à Paris un vrai risque de sécurité publique, alors que notre police nationale est mobilisée par la lutte contre le terrorisme et ses missions régaliennes, cette force d'appoint aurait pu être l'embryon d'une vraie police municipale. » (Pierre Lelouche, débats AN, 14 décembre 2016, p. 8725).*

Et certains députés / élus de Paris, de surenchérir sur les compétences de la police municipale, avec une certaine ambiguïté sur le contenu des missions et leur cadre juridique :

« Ce projet de révision du statut de Paris aurait pu avoir un intérêt : celui de transférer des pouvoirs de police à la maire de Paris en abrogeant l'arrêté consulaire du 12 messidor an VIII. Imaginez que Paris est sous tutelle depuis deux siècles par l'effet de cet arrêté consulaire qui interdit au maire de Paris d'exercer la plupart des pouvoirs de police de droit commun. Or que nous propose-t-on ? Quelques polices spéciales tout à fait marginales, telles que la police des baignades ou celle des édifices menaçant ruine ou encore la réglementation de la circulation, toutes choses qui ne sont certes pas sans intérêt, mais pourquoi ne rend-on pas à Paris les libertés qui sont celles de toutes les villes à police d'État ? Nous ne demandons que le droit commun. Il y a là une articulation à mettre en œuvre entre les missions qui resteraient dévolues à la préfecture de Paris, missions de sécurité générale, de lutte antiterroriste, d'ordre public, de lutte contre la criminalité, sur lesquelles elle doit se recentrer aujourd'hui, chacun le comprend, et ce qui relève de la municipalité comme dans toutes les villes de France, même celles qui ont des polices d'État, à savoir assurer ce qu'on pourrait appeler une mission de tranquillité publique, qui comprend d'ailleurs la circulation. Tout ce qui est désordre de voie publique petits trafics, ventes à la sauvette, mendicité agressive, attroupements et autres désordres divers et variés serait pris en charge par une police

municipale qui ferait le travail que ne fait pas la police nationale, aujourd'hui totalement et légitimement concentrée sur ses tâches régaliennes que sont la lutte antiterroriste, l'ordre public et la lutte contre la criminalité.... Il n'est évidemment pas question de transférer la totalité des pouvoirs de police à la maire : ce serait tout à fait ridicule et insolite et personne ne propose cela. Il s'agit simplement de permettre au maire de Paris de créer une police municipale qui serait chargée des tâches de tranquillité publique. C'est déjà possible dans la totalité des villes de France qui le souhaitent, la mairie de Paris étant la seule à ne pas pouvoir le faire. C'est d'autant plus indispensable que ce texte prévoit le transfert de 1 600 agents de surveillance de la Ville de Paris, ASP – les « pervenches » – de la préfecture de police à la mairie de Paris. Ces personnels ne pourront pas exercer les attributions d'agent de police judiciaire, qualité qui est la leur comme elle est celle des policiers municipaux en vertu de l'article 21 du code de procédure pénale. Il faut donc permettre la création d'une police municipale à Paris, complémentaire de la police nationale » (Philippe Goujon, débats AN, 14 décembre 2016, p. 8741 et s).

Le même député / maire du 15e arrdt insiste : « *Autre occasion manquée : vous auriez pu autoriser à Paris, comme dans toutes les villes de France, une police municipale, puisque la capitale en est privée depuis une décision du Premier consul qui date du 12 messidor an VIII. Deux cents ans plus tard, mes chers collègues, considérez-vous donc que des sans-culottes menacent encore le pouvoir central ? La préfecture de police est accaparée par la lutte antiterroriste, le maintien de l'ordre public et la lutte contre la criminalité. Si l'on ajoute à cela la disparition de l'îlotage au profit de la surveillance des points sensibles et le rythme de diminution des effectifs de police dans la capitale, les missions afférant à la tranquillité publique ne peuvent être assurées. On constate ainsi une recrudescence des petits désordres et trafics de rue, des occupations abusives de l'espace public et des halls d'immeubles, des conflits de voisinage et violences intrafamiliales, de la vente à la sauvette et de la mendicité agressive ainsi que de la dégradation de biens et de l'insalubrité publique. Même la police de la circulation a disparu, alors qu'on ferme les voies sur berge ! » (Philippe Goujon, débats AN, 20 décembre 2016, p. 8987).*

B-2. Compétences des agents de police municipale

Les compétences mêmes de la PMP font débat : le passage d'ASP/ISVP à policier municipal donnera-t-il des pouvoirs supplémentaires aux agents concernés ? *(Débats au Conseil de Paris, 2 juin 2021, p. 212, Nicolas Jeanneté).*

Certains élus estiment que les pouvoirs de sanctions reconnus aux agents de la ville de Paris sont trop minimes et ne sont donc pas vraiment des pouvoirs de « police » : *« L'objectif est-il d'améliorer l'efficacité de la police, et notamment de répondre aux problèmes de sécurité à Paris ? Les ASP ont toujours existé, ont toujours été payés par la mairie de Paris et ont toujours exercé les mêmes missions. En réalité, l'embryon de police de proximité – puisque vous ne voulez pas entendre parler de police municipale – exerce des missions qui n'ont rien à voir avec la sécurité : elle a un rôle dans la lutte contre les incivilités et probablement en matière de propreté. En fait, vous avez créé une brigade – comme à Marseille, où il existe un service de ce genre – qui contrôle la propreté des communes. Les agents municipaux, que vous qualifiez de gardiens des incivilités, doivent ainsi répondre à des problèmes que vous n'arrivez pas à résoudre en matière de propreté. C'est intéressant, mais cela n'a rien à voir avec la police ni avec la police municipale. D'ailleurs, les propos du préfet de police me confirment dans l'idée que tout cela n'est pas très sérieux. » (Claude Goasguen, débats AN, 14 décembre 2016, p. 8708).* De même, *« Ces personnels ASP exercent actuellement des missions secondaires dépourvues de vraies qualifications judiciaires, ce qui réduit l'impact financier d'une réforme avant tout organisationnelle et statutaire ne tenant pas compte des personnes, qui pourtant existent » (ibid., même auteur, débats AN, 14 décembre 2016, p. 8718).*

En conséquence, **ces mêmes élus en appellent à une conception large des compétences de la police municipale parisienne** : « *Une autre mission a récemment été abandonnée, notamment depuis les attentats : les atteintes à la tranquillité publique. Ventes à la sauvette, agressions et vols, occupations abusives de halls d'immeubles et de l'espace public, mendicité agressive, petits trafics de toutes sortes, désordres sur la voie publique, violences intra-familiales et de voisinage ne sont plus pris en compte par une préfecture de police* *dont on peut comprendre qu'elle soit entièrement concentrée sur ses missions régaliennes. L'îlotage de proximité, qui permet tait d'y faire face, a disparu au profit de la surveillance des points sensibles et au rythme... L'îlotage de proximité a disparu au rythme de la diminution des effectifs de police à Paris, de l'affectation de maigres renforts dans les ZSP – zones de sécurité prioritaires – et de l'hyper-centralisation d'un commandement préfectoral qui bride toute initiative locale et multiplie les prélèvements quotidiens sur les commissariats d'arrondissement au profit des missions d'ordre public malgré la réforme de 1998. » (ibid., même auteur, 14 décembre 2016, p. 8718).*

Le risque serait également de créer une PMP qui se réduirait simplement pour les agents en tenue déjà sur le terrain à un « changement d'uniforme » *(débats au Sénat, 16 mars 2021, Pierre Charon).*

Le débat a été tranché par les pouvoirs publics qui ont assimilé « policiers municipaux » et « agents de la ville de Paris chargés d'un service de police » en ce qui concerne leurs compétences de verbalisation de contraventions nationales depuis le décret du 26 septembre 2007 (art R 15-33-29-3 du code de procédure pénale).

B-3. Effectifs mobilisés sur le terrain : lesquels et combien ?

Les élus de tous horizons n'ont cessé de rendre hommage au dévouement des fonctionnaires de la Préfecture de police et de la mairie de Paris en matière de sécurité, et de service public en général : *« ces agents qui font au quotidien de Paris une des plus belles villes du monde » (débats au Sénat, 7 novembre 2016, Christian Favier, p. 16960).*

Au-delà de ces satisfactions, la volumétrie exacte des effectifs de la police municipale parisienne fait débat : 3 500 ou 5 000 agents (voir déjà les *débats au Conseil de Paris, 27 novembre 2000, le Maire de Paris Jean Tibéri, p. 1388)* ? Parle-t-on de "policiers" ou de médiateurs" ? *(Débats au Conseil de Paris, 2 juin 2021, p. 210, Brigitte Kuster ; p. 212, Nicolas Jeanneté ; p. 215 Nathalie Maquoi).* Le débat des chiffres ne doit pas occulter qu'il n'y a pas que les policiers municipaux stricto sensu qui font de la « police » *(débats au Conseil de Paris, 2 juin 2021, p. 228, Nicolas Nordman, adjoint à la sécurité),* alors même qu'il est avéré que les effectifs en tenue de la Préfecture de Police sont en baisse sur le terrain (rapport précité de la Cour des comptes, octobre 2019).

La répartition des agents de police municipale fait débat au sein de Paris. Le Maire de Paris Centre a par exemple proposé une « clé d'allocation » pour allouer les effectifs aux arrondissements en fonction des commerces et des habitants *(Débats au Conseil de Paris, 2 juin 2021, p. 221, Ariel Weil).*

B-4. Armement des agents de la police municipale

En 2021, il a été décidé de ne pas doter la police municipale de Paris d'armement létal : celui-ci est-il pourtant inéluctable ? Les débats font part de beaucoup de réflexions autour de l'armement et du risque d'engrenage de la violence *(Débats Conseil de Paris, 4 février 2019, p. 55 la Maire de Paris Anne Hidalgo, p59 Rémi Féraud, p. 60 David Belliard groupe écologiste et p. 71 Eric Hélard, groupe UDI-MODEM).*

Cette option de l'armement relève fondamentalement de la libre administration des collectivités territoriales *(débats Assemblée nationale, 18 novembre 2020, le ministre de l'Intérieur Gérald Darmanin).*

Certains élus souhaitent que la PMP soit armée de façon létale car ses agents « non armés » seraient des "cibles" pour les terroristes ou délinquants sans possibilité de s'en défendre *(débats au Conseil de Paris, 2 juin 2021, p. 210, Brigitte Kuster).* Si elle n'est pas vraiment armée, la PMP aurait alors du mal à recruter face aux PM d'autres villes où les agents sont armés *(débats Assemblée nationale, 19 novembre 2020, Brigitte Kuster et Pierre Yves Bournazel).*

De nombreuses réflexions sont ainsi menées autour de l'armement dit « létal » : cet armement de pistolets apparaît comme inutile pour lutter contre les incivilités (*débats au Conseil de Paris, 27 décembre 2000, Laure Schneiter).* Un risque d'engrenage est mis en avant *(idem 2 juillet 2018, Pascal Julien, page 151) (débats Conseil de Paris 4 février 2019, p. 55, la Maire de Paris Anne Hidalgo, p. 59 Rémi Féraud, p. 60 David Belliard groupe écologiste et p. 71 Eric Hélard, groupe UDI-MODEM).* Les armes appellent les armes, avec un effet cliquet de l'armement létal qui serait irréversible s'il était décidé d'en doter les agents de police municipale *(débats au*

Conseil de Paris, 2 juin 2021, p. 220, Raphaëlle Remy-Leleu, groupe écologiste). L'armement non létal permettrait de distinguer agents de police municipale, qui en sont dépourvus, et agents de police nationale, qui en sont dotés *(débats au Conseil de Paris, 2 juin 2021, p. 228, Nicolas Nordman, adjoint à la sécurité).*

[Au vu de tous ces débats, le Conseil de Paris a voté en faveur de la création de la police municipale le 2 juin 2021 avec : 114 votes pour la création de la police municipale / 30 votes contre / 10 abstentions.]

IV
L'aboutissement de la création de la police municipale à Paris

Au-delà des débats sus-analysés, il faut mettre en lumière les causes profondes de la création de la police municipale parisienne et les conséquences de cette création. Le 18 avril 1999, une réforme des commissariats parisiens est lancée ; la police judiciaire qui traitait jusqu'à présent, de la petite et moyenne délinquance, avait ses propres commissariats, à côté de ceux qui rassemblaient les personnels en tenue, ne traitera plus les plaintes et la petite délinquance. Elle se concentrera sur les affaires pénales de plus grande envergure.

Les commissariats de voie publique qui ne comprenaient que du personnel en tenue auront des enquêteurs susceptibles de prendre les plaintes et de traiter la petite délinquance.

On parle alors de « Police de quartier » ; à Paris, en plus des forces normales (police secours, BAC, enquêteurs), la Préfecture de police dispose d'ilotiers en rollers, à vélo, à pied.

Il s'agit du pendant, à Paris, de la police de proximité créée entre temps, par Jean Pierre Chevènement, en province.

En janvier 2015, au lendemain des attentats qui frappèrent la capitale, la présidente du groupe « Les républicains », Nathalie Kosciusko-Morizet, présente un projet visant à créer une organisation de sécurité ; en vain.

Dans une proposition présentée le 13 octobre 2018, les élus de droite remettent le projet sur la table et détaillent l'organisation de cette force. Le groupe, dirigé par la maire LR du Ve arrondissement **Florence Berthout, préconise de « transformer les 3200 agents de la Direction de la prévention, de la sécurité et de la protection (DPSP) de la mairie, en policiers municipaux** ». C'est ce qui adviendra deux ans plus tard.

Historiquement, les différents maires qui se sont succédé émettent un avis défavorable à la création d'une Police municipale, y compris

Jacques Chirac. Tous ont estimé que la municipalité avait d'autres priorités (logement, petite enfance, propreté, urbanisme, etc.) et que les tâches de police, pour l'essentiel, relevaient de la Préfecture de police.

Jean Tiberi tenta de briser le tabou chiraquien en 2000, avec l'aide de la professeure de droit Marie Laure RASSAT (octobre 2000). Parmi les événements qui ont déterminé sa volte-face, hormis sa situation politique très particulière de l'époque : la hausse de la délinquance (+3,85 % en un an) et le fait que l'État n'a consenti à la création que de 100 postes de policiers supplémentaires. *« Il en faudrait 1.500 de plus »*, clame-t-il (le *Parti socialiste en demande 500).* En mars 2001, Philippe Séguin surenchérit : *« Je souhaite la création d'une véritable police municipale à Paris. Dans toutes les grandes capitales, on observe une évolution de la réflexion sur les pouvoirs de police des maires. Désormais, l'insécurité se situe, en effet, à deux niveaux : premier niveau, il y a ce que l'on pourrait appeler la criminalité et la délinquance traditionnelles. Second niveau : ce qu'il est convenu, aujourd'hui, d'appeler des « actes d'incivilité. Ce sont des actes moins graves, mais qui n'en pourrissent pas moins la vie des citoyens. Et c'est pour répondre à cette insécurité-là que je souhaite la création d'une police municipale ».*

Les choses s'accélèrent quand un vœu de l'Exécutif relatif à la sécurité des Parisiennes et des Parisiens est émis en faveur du lancement d'un audit sur la sécurité des Parisiens au Conseil de Paris des 2, 3, 4 juillet 2018 ;

- De septembre 2018 à janvier 2019, un audit sur « la sécurité des Parisiens dans leur vie quotidienne » est confié au cabinet « Eurogroup Consulting » (rencontre avec 200 acteurs institutionnels de la sécurité à Paris).

En voici un résumé : Les Parisiens attendent d'être protégés des agressions ; protégés des comportements gênants qui « privatisent » l'espace public ; de pouvoir se déplacer et circuler en sécurité et facilement. Ils souhaitent une ville propre et solidaire. Ils demandent une ville calme grâce à la prévention et à la lutte contre les nuisances sonores dans l'espace public. Ils veulent être rassurés par la présence d'agents en nombre dans l'espace public. La répartition des compétences entre la police nationale, centrée sur la délinquance et la sécurité publique, et la Ville de Paris centrée sur la tranquillité publique est la bonne ligne de partage. Une territorialisation accrue pour apporter des réponses au plus près des besoins des Parisiens doit être mise en œuvre.

- Un sondage IPSOS en oct. 2018, sur l'opinion des Parisiens à l'égard de la sécurité dans la ville montre que 82 % des parisiens sont favorables à la création d'une PM.

Voici également un résumé : un Parisien sur deux a le sentiment que la sécurité à Paris s'est détériorée. Les incivilités sont en tête de leurs préoccupations pour 64 % des sondés (dépôts sauvages, déjections canines, épanchements d'urine, tags, jets de mégots...) suivies par les agressions verbales dans l'espace public pour 61 %.

Les nuisances sonores (50 %), les phénomènes de harcèlement de rue à l'encontre des femmes (47 %) et les incivilités liées au stationnement gênant (46 %) restent à un haut niveau de préoccupation.

Pour les trois quarts de Parisiens, la sécurité relève avant tout de la police nationale dont les effectifs sont jugés insuffisants par une large majorité d'entre eux. La Ville de Paris est principalement identifiée pour des missions d'assistance et de prévention au quotidien : porter assistance aux sans-abris et aux migrants (71 %), veiller au respect des règles de propreté et de salubrité en verbalisant les incivilités (70 %), prévenir les différents et aider à la résolution des conflits par la médiation (57 %), constater les occupations abusives de l'espace public (terrasses et étalages 56 %), assurer des rondes de surveillance sur l'espace public et dans les parcs et jardins (46 %), lutter contre les nuisances sonores (43 %). Plus de trois quarts des Parisiens souhaitent que la politique de verbalisation des incivilités menée par la Ville soit renforcée pour être plus efficace, tandis qu'ils considèrent que la police nationale se doit prioritairement d'assurer le respect de la loi et le maintien de l'ordre.

Ainsi, 82 % des Parisiens sont favorables à la création d'une police municipale afin de répondre à leurs préoccupations en matière de prévention et de lutte contre les incivilités.

- En janvier 2019, Michel Felkay est recruté pour créer la police municipale. Issu du rang des commissaires de police et ayant travaillé à la Préfecture de police de Paris, il est nommé Directeur de la Direction de la Prévention et de la protection.

La Maire annonce la création de la police municipale parisienne, au Conseil de Paris du 4 février 2019. « Cette police municipale sera composée de 5000 agents avec une mixité hommes/femmes. Il s'agira d'une police de proximité, « chargée de faire respecter les règles de la vie quotidienne » qui sont au cœur des préoccupations des Parisiens, au service du changement écologique et social, maintenant une ambition forte en matière de prévention de la délinquance et une priorité à la médiation/prévention ».

- Extrait du discours de la maire de Paris le 5 février 2019 au Conseil de Paris :

> *« L'audit sur la sécurité des Parisiens dans leur vie quotidienne a été lancé par un vœu en juillet dernier, ici, au sein du Conseil de Paris. De très nombreux acteurs de la sécurité des Parisiens ont été interrogés, près de 200 personnes élues de la majorité, de l'opposition, les maires d'arrondissement bien sûr, les fonctionnaires de la Ville, les fonctionnaires de la Préfecture de police, vous-même, Monsieur le Préfet, ont été auditionnés.*
> *Alors, quelles sont les principales conclusions que je tire de ce travail collectif ?*
> *Premier constat, il y a un besoin et une attente très forte, croissante, des Parisiens pour que les règles du quotidien soient davantage respectées dans l'espace public. Nous rendons de l'espace à vivre aux Parisiens, c'est notre politique d'aménagement, notre politique d'accompagnement de la transition écologique. Les Parisiennes et les Parisiens s'approprient cet espace. Le sujet est "comment on partage la ville ?", sans privatisation, parce que la privatisation se fait souvent au profit des plus forts et aux dépens des plus vulnérables, mais aussi aux dépens des catégories sociales les plus défavorisées.*
> *Le deuxième constat de ce diagnostic, ce travail de régulation de l'espace public, comme on l'appelle régulièrement, nous le faisons déjà avec nos agents de la DPSP, mais il faut le faire davantage car ce sont des missions sur lesquelles les habitants attendent la Ville et pour lesquelles la Police nationale n'est pas tout à fait*

désignée et dispose de moins de moyens, parce que le contexte a changé. Le risque terroriste est une réalité et la défense des institutions et le maintien de l'ordre, tout comme la lutte contre les trafics, mobilisent beaucoup d'effectifs de Police nationale. En parallèle, les effectifs dans les commissariats baissent depuis des années, et les Parisiens le voient au quotidien.

Le troisième constat, c'est que tout le monde s'y perd sur les compétences des uns et des autres. Quel Parisien connaît la DPSP ? Qui s'y retrouve dans les sigles, A.S.P., I.S.V.P., agents de sécurité ? Il faut rendre ce service public plus lisible, plus accessible, en permettant aux habitants de le joindre 24 heures sur 24, plus adapté au mode de vie des Parisiens, avec une présence renforcée la nuit et le week-end.

Comment répondre à ce constat ? Je partirai d'un triptyque évoqué par l'une d'entre vous, triptyque que je fais mien : il faut renforcer, clarifier et coordonner. C'est exactement cela.

D'abord, <u>renforcer les moyens</u>. Doter les agents municipaux de pouvoirs de police municipale et d'équipements modernes, mais pas seulement. Renforcer également la présence sur le terrain des médiateurs. (...) Cela ne se fera qu'à une condition : que les partenaires de la sécurité des Parisiens renforcent également leur présence. En premier lieu, les effectifs de la Police nationale dans les commissariats pour faire davantage contre la délinquance, contre tous ces "deals" de rue, ces trafics qui polluent le quotidien, aussi, des Parisiens.

Ensuite, il nous faut <u>clarifier les missions</u>. En se posant la question : sur quelle mission la Ville peut-elle être la plus efficace ? En luttant contre les infractions qui portent atteinte à la propreté de notre ville et renvoient l'impression d'un espace public dégradé.

En luttant contre les nuisances sonores qui portent atteinte à la tranquillité des riverains et renvoient l'image de quartiers auxquels on ne prête pas assez attention. En luttant contre l'absence de respect des règles de déplacement qui portent atteinte à la sécurité des Parisiens et des visiteurs et renvoient le sentiment d'une circulation dérégulée. Lorsqu'une règle est juste, la faire respecter, c'est

faire œuvre de justice.
Enfin, coordonner notre action avec nos partenaires pour être complémentaires et ne pas se substituer à eux. L'objectif, c'est plus de sécurité pour les Parisiennes et les Parisiens.
Parce que la répartition des compétences entre le niveau national et le niveau municipal sera clairement établie, nous demanderons l'engagement formel du Gouvernement de ne pas baisser les effectifs de Police nationale à Paris, dans un accord qui ne fera que des gagnants et permettra aux policiers nationaux et municipaux, ainsi qu'aux pompiers de Paris, de se concentrer chacun sur leurs tâches respectives.
Cet outil au service de la sécurité des Parisiennes et des Parisiens, je veux le nommer "police municipale parisienne". Mais la création d'une police municipale parisienne n'a de sens que dans le cadre d'une politique globale de protection de la ville et de ses habitants. Protéger ceux que nous avons en commun pour une ville plus propre, plus solidaire et plus sûre.
Je n'ai jamais été tentée par le modèle d'une police municipale qui impliquerait le démantèlement de la Préfecture de police, celle qui signifierait un transfert de charges considérables, non évaluées et non compensées aux dépens du contribuable parisien, celle qui engagerait le risque de voir nos agents municipaux faire du maintien de l'ordre dans la Capitale. Ce modèle, je crois que nous le partageons, très nombreux ici, serait contre-productif. Par ailleurs, il nécessiterait une loi. Et je crois au rôle du Préfet de police, à son unité de commandement. J'ai éprouvé ce rôle, notamment au pire moment de notre histoire, en 2015, lorsque nous étions attaqués par les terroristes. Cette expérience m'aura marquée à jamais. »

V
La Direction de la Police municipale et de la Prévention de la ville de Paris

A - Les missions de la police municipale parisienne

La police municipale n'a pas de pouvoirs pour réaliser de contrôle d'identité, de fouille, recevoir un dépôt de plainte ou prendre part à la lutte contre la drogue. Elle se définit à Paris comme une police de proximité, et non pas une police d'intervention urgente.

Son objectif est de permettre à la police nationale de se recentrer sur ses missions prioritaires. Certes elle peut intervenir pour un flagrant délit (art. 73 du Code de procédure pénale), a une capacité d'intervention, de contrainte de corps, mais la mise en garde à vue, c'est le rôle de la police nationale.

Ainsi toutes les semaines, avec une moyenne de 5 interpellations en flagrant délit, elle contribue à la sécurité de Paris.

Que ce soit pour des vols violences, des bagarres au couteau, des cambrioleurs en action, ou encore des agressions sexuelles, elle agit, menotte, et transporte l'individu devant un officier de police judiciaire d'un commissariat parisien.

Son rôle principal, néanmoins, est de sanctionner toutes les incivilités (jets de mégots, épanchements d'urine, dépôts sauvages, nuisances sonores, sécurité routière, stationnement sauvage). Elle fait respecter les normes antipollution (vignettes Crit'air), le partage de l'espace public (trottoirs, règlementation des étalages et terrasses, espaces verts, piétonnisation, Paris Respire, etc.).

Elle agit dans le cadre de ses pouvoirs étendus de verbalisation tels que consacrés par les textes, notamment les articles L 511-1 du CSI, l'article 21 du code de procédure pénale et l'article R 15-29-33-3 du code de procédure pénale, qui lui-même renvoie à de nombreux textes spécifiques dont le Code pénal, le code de la voirie routière, le code de la santé publique et le Code de la route (verbalisation sur d'autres compétences que les arrêtés du maire).

Elle ne peut être accusée de seulement serrer des mains et entrer en contact en souriant (cela lui a été reproché) car le nombre annuel de procès-verbaux qu'elle dresse dépasse les 1 250 000.

L'ensemble de son action, comme celle de tous les agents de la Direction de la police municipale et de la prévention, est encadrée par un comité d'éthique indépendant, officialisé par un arrêté publié au *Bulletin officiel de la ville de Paris* le 4 janvier 2022. Dans ce souci de transparence, il a été créé, donnant ainsi la possibilité pour n'importe quel parisien, de faire part de récriminations qui concernent un agent, via une adresse électronique dédiée. Ce comité indépendant, présidé par l'ancien ministre de la Justice, et défenseur des droits, Jacques Toubon, fait ainsi des recommandations sur son activité.

L'exemple le plus significatif a concerné l'identification des policiers. Il s'agit de faire en sorte que les policiers municipaux, comme les policiers nationaux, aient sur leur uniforme, un numéro d'identification permettant au parisien mécontent, de signaler tel agent « précisément ». La Maire de Paris a donc écrit au ministre de l'Interieur proposant cette possibilité qui ne concernera pas seulement les policiers municipaux de Paris mais tous les policiers municipaux de France.

Le rôle du comité d'éthique n'est pas de trancher des situations individuelles mais de donner des recommandations sur des situations traitées via le médiateur de la ville de Paris et la Direction, en vue d'une amélioration.

B - La proximité

« Vous devez être fiers de faire de la police du quotidien, non pas la police des terroristes, des cambrioleurs, mais la police du respect du vivre ensemble, du respect des autres citoyens du respect par les automobilistes, du piéton ou du cycliste, du respect par les conducteurs de chantier ou les gérants de débits de boissons, des voisins, etc.

Vous devez être fiers d'être au centre du vivre ensemble. C'est la grandeur de votre métier de connaître, d'écouter et de répondre aux demandes qui sont présentées à vous. Vous êtes souvent les derniers recours » (discours de Michel Felkay, devant une promotion de nouveaux gardiens Brigadiers de policiers municipaux, en 2022).

Avant de traiter cette question importante qu'est la proximité, retournons-nous sur l'évolution visant à faire participer le citoyen à la sécurité.

B-1. Coproduction de la sécurité et coordination des forces de sécurité

En matière de sécurité, le maire, qui est aux avant-postes, est bien conscient qu'il faut répondre aux besoins de la population.

Pour y arriver, soit on décrète que l'État a le monopole de la gestion de la sécurité, soit, comme l'a dit un ancien ministre de l'Intérieur, Daniel Vaillant, on estime que la sécurité est l'affaire de tous.

La notion de « coproduction » est apparue petit à petit avec la complexité des sujets et de la prise en compte aussi sur certains lieux, de ce qu'on a appelé, l'insécurité.

Deux rapports ont préfiguré cette évolution, le rapport d'Alain Peyrefitte de juillet 1977 (« réponse à la violence ») et le rapport de Gilbert Bonnemaison remis le 1er février 1983 (« Face à la délinquance : prévention, répression, solidarité »).

Cette nouvelle approche se voulait globale en prenant en compte les causes des violences et de la délinquance, leurs territoires et leurs auteurs, mais surtout intégrer, pour combattre ces effets, les différents acteurs.

- À partir des années 1980, on assiste à la création au niveau national, des conseils nationaux de prévention de la délinquance, et au niveau local, les conseils départementaux. Ils sont présidés par le maire ou le président de la structure intercommunale. Sont participants le préfet, la police ou la gendarmerie, associations et tous autres partenaires intéressés (D 2006-665 du 7 juin 2006).

Cette méthode a permis aux différents acteurs de dialoguer, définir des orientations communes, mutualiser leur savoir-faire, leurs ressources et coordonner leurs actions. Ces conseils ont favorisé une gestion plus globale du fait de délinquance si bien que non seulement les considérations pénales sont prises en compte mais également les éléments sociétaux.

Par une circulaire du Premier ministre du 28 sept 1997, l'État a souhaité développer les contrats locaux de sécurité (dimension contractuelle) : état des lieux de l'insécurité, formes, territoires, moyens engagés humains et matériels. Ils ont été reconduits par une circulaire interministérielle du 4 déc. 2006.

- D'autres dispositifs sont ensuite apparus : GLTD (groupe local de traitement de la délinquance) créés par le Parquet sur une situation d'urgence et limités dans l'espace.

J'ai pu expérimenter un des premiers GTLD à Colombes (92) quand j'étais Commissaire de cette ville. Il s'agissait de réunir au commissariat toutes les semaines, le représentant du maire, le substitut du procureur, les partenaires (RATP, Bailleurs, clubs associatifs, etc.) sur un territoire délimité (en pratique, un groupe d'immeuble, une cité).

Un tour de table était organisé pour que chacun puisse dire ce qu'il avait fait la semaine précédente sur ce territoire, dans son domaine de compétence. Nous partions du principe que la sécurité était l'affaire de tous. J'ai relaté cette expérience dans un livre, *Le commissaire de tranquillité publique* (éd. L'Harmattan, 1999).

Ainsi, le club de sport pouvait faire ressortir les occupations qui avaient permis de sortir des halls d'immeubles tel groupe de jeunes, les éducateurs rendaient compte de l'efficacité du décalage de leurs horaires (commencer à 23 h, plutôt que de le terminer à cette heure-là), la police énumérait le nombre de mineurs récupérés à deux heures du matin dans la cité, le substitut du Procureur comptabilisait le nombre de présentations ou de convocations à se présenter devant le délégué du Procureur.

Un exemple montre ce travail de collaboration ; nous avions un problème de « deal » devant une pharmacie sous un abribus de la RATP, lequel faisait face à un terrain vague (donc impossible de prévoir des surveillances). Ce trafic faisait chuter le commerce de cette pharmacie car plus personne ne voulait y entrer par crainte d'agression. Nous avons donc demandé à décaler l'abribus ; ceci fut fait par la RATP, et cela a réglé les problèmes ; non seulement le deal a été cassé par des interpellations mais le commerce a pu revivre.

Le pragmatisme de ces réunions, allié à des partenaires tous soucieux de régler des problèmes dans leur propre domaine de compétence, ont permis d'avancer. La coproduction s'était pleinement exercée.

Les GPO (groupes de partenariat opérationnel) sont des dispositifs permettant, tous les mois, sur un secteur ou sur une thématique, de réunir les partenaires (commerçants, conseils de quartier, GPIS ou RATP) afin d'élaborer une stratégie concrète pour apporter des réponses aux habitants.

Les Cellules d'Écoute et de Traitement des Doléances (CETD) permettent, toutes les semaines de réunir la police municipale, la mairie et la police nationale, afin de prendre en compte les divers signalements que chacun a reçus (mels, courriers, etc.) pour se concentrer sur des objectifs communs.

- Afin d'aider à un essor des polices municipales tout en faisant en sorte que l'État ne baisse pas son niveau d'implication, les **contrats de sécurité intégrés** ont vu le jour ; ils répondent au débat sur la baisse des effectifs de la police nationale ou, plus généralement, à la suppléance par la police municipale des activités de la police nationale :

Déjà en octobre 1997, le Gouvernement avait souhaité développer les contrats locaux de sécurité (colloque de Villepinte : *Des villes sûres pour des citoyens libres : actes du colloque de Villepinte, 24-25 octobre 1997).*

Par une circulaire datée du 16 avril 2021, le Premier ministre a exposé aux préfets les champs d'action du contrat de sécurité intégrée. Ce nouvel outil a pour but de « permettre de concrétiser à un niveau stratégique le partenariat et l'engagement entre l'État et les collectivités territoriales pour la sécurité de tous ». Les contrats de sécurité intégrés portent « l'ambition de lutter plus efficacement contre l'insécurité en associant tous les acteurs, de la prévention à la répression. »

L'objectif de cet outil « souple et innovant », déployé dans le cadre de la sécurité du quotidien, est donc de formaliser et de renforcer les engagements partagés de l'État et des collectivités territoriales dans le domaine de la sécurité.

Initié par l'État ou par les élus, le contrat de sécurité intégrée repose sur un diagnostic partagé qui inclut des facteurs quantitatifs (données relatives à la délinquance) et qualitatifs (état des lieux des moyens engagés et méthodes de travail) dans l'ensemble du spectre de la sécurité intérieure, incluant le champ de la prévention. Un travail de concertation doit être conduit pour identifier les besoins et les propositions sur chacun des territoires. Il conjugue à la fois des engagements de l'État et ceux des communes dans les différents domaines sur lesquels ils souhaitent faire porter leurs actions.

Cette approche globale doit associer tous les acteurs impliqués – police nationale, gendarmerie nationale, services du ministère de la Justice et de l'Éducation nationale, acteurs de la prévention spécialisée et du traitement de la jeunesse, moyens des collectivités locales, notamment des polices municipales, gestionnaires de transport, bailleurs sociaux, ainsi que les entreprises privées de sécurité – et doit recouvrir différents aspects susceptibles d'être pris en compte. Ainsi, un CSI comporte plusieurs volets : un volet sécurité intérieure, un volet justice, un volet prévention de la délinquance, un volet « mineurs », un volet éducation nationale, un volet radicalisation et séparatisme et un volet transport.

Le ministre de l'Intérieur explique ainsi dans sa circulaire que : *« Le CSI a pour objectif prioritaire de clarifier les engagements réciproques et de les inscrire dans une durée gui est celle des mandats municipaux restant à courir (5 ans). Ainsi, vous veillerez donc particulièrement :*

A/ Pour l'État, à valoriser les moyens mis en œuvre ou déployé à horizon de 5 ans : en matière d'effectifs et de présence sur la voie publique ; en matière de moyens : véhicules, matériels et immobilier ; la mise en place des Quartiers de reconquête républicaine ; la méthode de la sécurité du quotidien ; l'engagement au titre de la prévention de la délinquance et de la politique de la ville, ; l'engagement au titre de la prévention de la radicalisation, en cohérence avec celui figurant le cas échéant dans le plan départemental de prévention de la délinquance ; l'engagement au titre de la politique de la ville (QPV) ; l'engagement au titre des actions éducatives et de la protection de la jeunesse.

B/ Pour les collectivités territoriales, en matière de mobilisation des polices municipales : nombre de policiers municipaux, présence sur la voie publique, extension des zones de patrouille, armement ; ·en matière de développement de la vidéoprotection : par exemple, nombre de caméras, création d'un centre de supervision urbain (CSU), extension des heures de visionnage par les policiers municipaux y compris dans un champ extra-communal, raccordement des systèmes vers les centres opérationnels des forces de sécurité intérieure ; en matière de prévention de la délinquance et plus particulièrement celle qui concerne les mineurs (actions éducatives, périscolaires, éducateurs de rue, etc.). Je souhaite également que les collectivités soient invitées à approfondir leur partenariat avec les forces de sécurité intérieure (FSI), notamment : dans l'appui qu'elles pourront donner à l'accroissement des moyens au profit des FSI, en matière d'immobilier notamment ; en matière de logement, de transport (gratuité), de modes d'accueil des enfants des agents des FSI ; en matière de partenariat opérationnel (présence sur la voie publique, mise en place des GPO, engagement dans les QRR, échange d'informations dans le cadre du plan anti-stupéfiants (action contre les points de deal) ».

Le premier contrat de sécurité intégré a été conclu le 9 octobre 2020 à Toulouse. Depuis, trois autres métropoles ont signé un CSI : Nantes, Dijon et Clermont-Ferrand. Une soixantaine sont en cours de finalisation et une trentaine sont en réflexion sur tout le territoire.

Ainsi, à Toulouse, l'État s'est engagé à déployer 111 policiers supplémentaires et la municipalité une centaine de policiers municipaux d'ici à 2025. L'accord porte aussi sur le doublement du nombre de patrouilles de police municipale dans les quartiers périphériques, l'installation d'une centaine de caméras de vidéoprotection supplémentaires, l'organisation de permanence de la police municipale dans les mairies de quartier ou encore la création d'une unité spécialisée de police municipale positionnée dans les endroits « les plus sous tension » et augmenter le nombre de logements pour les policiers.

Pour la police, renforcer les patrouilles le soir sur le centre-ville, augmenter les patrouilles pédestres.

Les élus du Forum français pour la sécurité urbaine s'inquiètent en particulier du fait que les contrats « conditionnent l'engagement de l'État à la mise en œuvre de moyens par les collectivités territoriales, en contrepartie (ou 'donnant-donnant') ». Ils regrettent "que le contenu du partenariat porte principalement sur des renforts d'effectifs de police et de vidéoprotection". Aux yeux du FFSU, cette vision de la « coproduction » de sécurité paraît « réductrice et inéquitable pour la sécurité des Français », quand elle ne constitue pas un « retour en arrière » dans le partenariat local. Outre que les renforts d'effectifs « ne suffisent généralement pas à compenser les baisses des dernières années », ils « ne sauraient suffire sans une véritable réforme de la doctrine d'emploi pour la recentrer sur le service à la population ».

On revient donc sur le débat concernant la doctrine, intervention/proximité. La sécurité consiste-t-elle uniquement en des moyens humains ou matériels ou bien la manière dont on va utiliser ces moyens au service de la population ?

- Ces « contrats » existent toujours et d'autres méthodes ont vu le jour comme les GPO déjà évoqués, groupes partenariaux visant à être présents de diverses manières sur un secteur donné. La police municipale y participe comme les clubs de préventions et bien sûr la police nationale.

- La loi du 25 mai 2021 (sécurité globale préservant les libertés) a été aussi l'occasion pour le Gouvernement et la majorité parlementaire de tenter d'accroitre les pouvoirs des polices municipales, et donc d'être plus présents dans leurs actions.

Le texte voté par le Parlement prévoyait une expérimentation sur 5 ans, qui aurait permis à certaines PM d'exercer des attributions de police judiciaire en matière délictuelle pour constater la vente à la sauvette, la conduite sans permis ou sans assurance, la consommation de stupéfiants, etc., délits réprimés par la voie de l'amende forfaitaire délictuelle (voir plus avant).

Ces mesures ont été censurées par le Conseil constitutionnel au nom de la séparation des pouvoirs (décision précitée du 20 mai 2021, qui reprenait une de ses décisions de 2011).

- **Le gouvernement a aussi tenté d'accroitre d'efficacité d'action des agents de la sécurité privée**, maillon essentiel du « continuum de sécurité », notamment avec les JO, plusieurs mesures ont ainsi été votées :

L'encadrement de cette activité, assuré par le Conseil national des activités privées de sécurité (CNAPS) dont le fonctionnement a été rénové dans les suites de la loi de 2021 (n° 2021-646), pour une sécurité globale dans le respect des libertés, a permis une amélioration significative des conditions de formation des agents privés de sécurité, eux-mêmes dotés d'un code de déontologie.

Toutefois, le secteur de la formation de ces professions nécessite d'être mieux encadré (organismes, formateurs et contenus de formation), la loi précitée ayant donné mandat au Gouvernement pour y procéder, par voie d'ordonnance.

L'Ordonnance n° 2023-374 du 16 mai 2023 relative à la formation aux activités privées de sécurité prévoit d'encadrer les dirigeants d'organismes de formation et les formateurs, les premiers devant désormais détenir un agrément et les seconds une carte professionnelle.

L'ordonnance prévoit également d'encadrer plus strictement la sous-traitance de diplômes dans un objectif de responsabilisation des acteurs de la formation. À l'avenir, les obligations de contrôle des propriétaires de diplômes (organisme certificateur ou branche professionnelle) vis-à-vis de leurs prestataires de formation seront renforcées. De plus, les organismes prestataires de formation qui souhaiteront sous-traiter la formation à un prestataire ne disposant pas encore d'une habilitation devront préalablement obtenir l'accord du certificateur propriétaire du diplôme.

La sous-traitance en cascade est donc limitée et les compétences du Conseil national des activités privées de sécurité (CNAPS) sont renforcées pour la délivrance des titres et le contrôle des agents de sécurité privée.

Le préfet peut alors confier à des agents privés des missions de surveillance des personnes contre les actes terroristes.

La sécurité des ensembles / logements sociaux peut être confiés à des groupes privés ou semi-publics. À Paris, le GPIS créé en 2004 détient des pouvoirs de surveillance et de verbalisation qui sont allés croissants depuis, avec une compétence de verbalisation qui imite celle des policiers municipaux, non pas sur la voie publique mais dans le parc social (voir par ex la loi du 25 mars 2021 et le décret du 3 mai 2022).

En outre, une nouvelle Direction des partenariats de sécurité a vu le jour au sein du ministère de l'Intérieur (art. 7 du décret n° 2023-582 du 5 juillet 2023 modifiant l'art 17 du décret n° 2013-728 du 12 août 2013 modifié portant organisation de l'administration centrale du ministère de l'Intérieur et du ministère des Outre-Mer).

Néanmoins, l'inquiétude est montée pour les Jeux olympiques de 2024 ; la répartition entre les diverses forces a été prévue de cette manière : la sécurité privée s'occupe de l'accès aux sites sportifs et à l'intérieur, les forces de sécurité intérieure sont chargées des abords immédiats des sites, et les armées sont déployées dans les hubs de transports (gares, aéroports…), dans les gros points de passage (La Défense, Châtelet…) et sur les itinéraires reliant ces points aux sites des JO. La crainte était de ne pas réunir assez d'agents de sécurité. Le défi a finalement été surmonté.

Les étudiants ou les demandeurs d'emploi ont aussi été visés pour apporter du renfort. Trois semaines d'apprentissage ont été rémunérées 950 euros pour les moins de 26 ans. Cette formation, de 106 heures au lieu des 176 à 300 heures habituelles, est basique. Celle-ci délivrée ne permet pas d'obtenir la carte professionnelle d'agent de sécurité privée et de faire partie totalement de cette profession qui compte aujourd'hui 180.000 professionnels.

En revanche, à Londres, pendant les JO 2012, en effet, la plus grande société de gardiennage qui devait fournir 10 000 agents pour les Jeux, sur les 23 000 attendus, avait dénoncé son engagement moins de trois semaines avant le début des épreuves. Le gouvernement britannique avait alors dépêché en urgence, près de 3 500 militaires et un millier de renforts supplémentaires.

- Quel bilan de la coproduction de sécurité avec tous les partenaires cités (police, sécurité privée, et autres) peut-on faire ?

D'abord, sur le plan de la mobilisation des acteurs, cette coproduction a été très positive. Les acteurs s'écoutent, dépassent des logiques d'imputation des responsabilités et de nouveaux acteurs y ont pris part : commerçants, bailleurs sociaux, pompiers, RATP, SNCF, etc.

Les agents privés participent aussi dorénavant via leurs entreprises implantées sur le territoire, à la sécurité. Les municipalités les emploient également dans le cadre de marchés publics dédiés ou de subventions (ex : le GPIS à Paris).

Mais, est-ce que ces structures ont fait bouger les lignes sur l'orientation que nous pouvons donner aux actions qui sont menées ? En fait, l'État fixe toujours les grandes lignes et les partenaires entrent dans ces lignes tracées.

Du coup, la coproduction de sécurité est-elle réelle ou juste invoquée ?

Est-ce que les objectifs étaient réellement partagés, est-ce que le diagnostic était réellement fait, tenant compte des citoyens via les associations, mairies, etc. ? Que voulons-nous ? Quel type de police doit être mise en place sur le terrain ?

B-2. La proximité à Paris

Cette volonté de se rapprocher de la population, telle qu'elle a été annoncée d'emblée par la Maire de Paris, s'est concrétisée par les patrouilles essentiellement en vélo ou à pied et le moins possible en véhicules. Une trentaine de véhicules ont ainsi été rendus en septembre 2022 aux garages de la ville et 400 vélos électriques ou mécaniques ont été achetés.

Ce lien s'est concrétisé par un échange constant dans un mouvement ascendant puis descendant. Les Parisiennes et les Parisiens manifestent leurs demandes et la police réagit.

Il s'agit là de la vraie police de proximité, avec des différences avec celle qui se pratiquait sous l'autorité du ministre Jean Pierre Chevènement (1997 – 2001), qui avait pour but final la lutte contre la délinquance. La police de proximité que nous déployons à Paris n'a pas la même définition : elle a pour but de rétablir la tranquillité publique sur l'espace public.

Ceci est différent ; la police lutte avec ses armes et l'une d'entre elles est l'investigation. Les policiers nationaux apaisaient par leur présence, mais aussi, faisaient remonter des informations. Des postes de police avaient été créés dans les quartiers.

La police municipale parisienne entre en contact avec les personnes mais dans le seul but de réguler l'espace public.

Elle peut obtenir des informations concrètes liées à des infractions délictuelles voire criminelles, mais cela n'est pas son dessein.

La police de Jean-Pierre Chevènement avait pris fin quand, le 3 février 2003, le ministre de l'Intérieur de l'époque, Nicolas Sarkozy, s'était rendu à Toulouse et avait publiquement rejeté la doctrine de la police de proximité.

Jean-Pierre Havrin, alors Directeur de la Sécurité publique, explique dans son livre (« *il a détruit la police de proximité* », 2012, édition JCG), comment cette visite était préméditée pour affirmer un message qui s'est avéré cinglant : *« organiser un match de rugby pour les jeunes, c'est bien, mais ce n'est pas la mission de première de la police. Créer des contacts avec les bailleurs sociaux, c'est bien, mais ce n'est pas la fonction première de la police. La mission première de la police ? L'investigation, l'interpellation, la lutte contre la délinquance et la mise à disposition de la Justice d'hommes et de femmes qui ne respectent pas la loi. »* Le couperet était tombé sous les caméras, et Jean Pierre Havrin avait dû quitter son poste.

Selon le ministre de l'Intérieur de l'époque, qui n'a pas été démenti par le Président de la République ou le Gouvernement : *"La police de proximité s'est construite au détriment de la police d'investigation et d'interpellation. Il faut rétablir l'équilibre... Il faut prendre des effectifs à celle-ci pour multiplier les patrouilles et renforcer les brigades anti-criminalité* [BAC]... *"Des patrouilles conviviales et sympathiques à 9 heures du matin, c'est bien, mais ça ne sert à rien. Pas plus que les plantons qui préparent le café dans les commissariats. Il faut être sur le terrain au moment où les délinquants y sont. Toulouse se voulait la vitrine d'une certaine politique, avec priorité à la police de proximité. Taratata !... À Toulouse, comme ailleurs, les policiers ne sont pas là pour être décoratifs mais pour obtenir des résultats... "La police est là pour arrêter les délinquants, pas pour faire du social..."*

Jean Pierre Havrin décrit pourtant dans son livre (ibid.), ce qu'il avait mis en place : combattre la délinquance, et ramener la paix dans les quartiers. Fortement axée sur la prévention et la résolution des conflits, cette police avait pour fonction *« d'anticiper les problèmes de délinquance, d'écouter, de rassurer et d'enregistrer les plaintes au plus près des habitants. La police offrait un nouveau visage, se faisant le partenaire d'une population lasse du tout-répressif et des promesses non tenues »* (ibid., page 25).

Faire se parler les jeunes avec des policiers, en vue de démythifier les relations et les préjugés, c'est ce que je décris dans mon livre *Le commissaire de Tranquillité Publique* (éd. L'Harmattan, 1999).

La fin de cette « manière de faire » était terminée, sans débats autres que celui d'une prétendue efficacité.

En 2008, les policiers de proximité ont laissé la place aux unités territoriales de quartier (les UTeQ), qui avaient un but plus répressif.

Mais comment obtenir l'efficacité, comment faire en sorte que les infractions ne se commettent pas, comment faire en sorte de vraiment punir celui qui est passé à l'acte ?

Vaste débat, mêlant prévention, dissuasion, justice.

Quoi qu'il en fût, les policiers se sont retrouvés dans une obligation : on ne parlait plus prévention, on parlait répression.

Or, chaque policier sait que tout est intimement lié.

Ce va-et-vient des discours et des structures est significatif de cet écartèlement entre une police visant le rapprochement « Police/population » et l'objectif de résultats statistiques immédiats (la baisse de la délinquance) par des forces spéciales répressives. Les policiers savent bien que la vérité se situe entre répression et prévention, et qu'on ne peut tout miser sur la prévention, ni tout miser sur la répression. Les agents travaillent quotidiennement, comme des pères ou mères de famille, navigant entre les deux registres.

Dans le même temps, du côté de la gendarmerie, dans le cadre d'un vaste plan de redéploiement police-gendarmerie, de nombreuses brigades ferment, voient leur activité se réduire et leurs amplitudes horaires se restreindre. Les appels sont centralisés au chef-lieu de département, entrainant une rupture entre administrés, qui ont au bout du fil un gendarme à des centaines de kilomètres, et l'institution, qui ne peut plus intervenir rapidement.

En réaction, il y a peu, le ministre de l'Intérieur a annoncé la création d'un grand nombre de nouvelles brigades territoriales.

Mais revenons à la police de proximité de Paris.

Dès les années 1990, des agents de la ville de Paris (« inspecteurs de sécurité ») patrouillaient dans les parcs et jardins, bois et cimetières de la capitale et établissaient le contact avec les occupants de la voie publique. Sans pouvoirs contraignants, en tant que « gardes particuliers », ils sécurisaient pourtant, par leur présence, ces lieux sensibles.

La création de la police municipale a renforcé un réseau de médiateurs qui existait déjà ; ces agents d'accueil et de surveillance, spécialité « médiation », se sont multipliés. Ordinairement, sous contrat conclu au niveau des mairies d'arrondissement via des associations de médiation, les médiateurs parisiens font, eux, partie intégrante des effectifs de la Direction de la police municipale et de la prévention, et c'est là, toute la différence.

Ils sont une possibilité d'action de la police municipale, parmi d'autres, et la coordination des actions s'opère beaucoup plus facilement ; grâce à une large palette de moyens d'interventions, la hiérarchie envoie dans un lieu, les médiateurs, puis les unités spécialisées (comme l'Unité d'assistance aux sans-abris par exemple), puis les policiers de l'arrondissement, puis les policiers de la division d'appui, puis la police nationale le cas échéant. C'est une forme de « continuum de sécurité » au niveau local qui applique le principe de subsidiarité.

La palette d'action est ainsi vaste, alliant prévention, dissuasion et répression.

La ville de Paris dispose de plus de 100 médiateurs répartis dans les arrondissements, au plus proche de la population et une équipe parisienne de médiation, composée de 30 agents mobiles en uniforme bordeaux qui travaillent de 16h à minuit. Ils ont été concentrés sur la problématique des rixes à Paris, sujet sensible après la mort d'un lycéen en 2018 à coup de couteau et un deuxième âgé de 17 ans, en octobre 2022 dans le 17e arrondissement.

Parallèlement, l'unité d'assistance aux sans-abris (UASA) a été développée pour faire face à la multiplication sur le territoire parisien non seulement de « sans domiciles fixes » mais aussi de migrants ou encore de crackers, ou autres personnes droguées. Composée de deux pôles, un pôle social avec des assistants sociaux, et un pôle opérationnel avec des policiers municipaux, cette unité de terrain est au plus près de ces personnes, dans le but de les sortir de rue. Il convient de relever que cette proximité donne des résultats indéniables ; les agents connaissent bien les personnes à la rue et les suivent, semaine après semaine, en lien avec les associations spécialisées. Ainsi, la préparation à la sortie de rue est optimale et la personne se prépare psychologiquement car elle est accompagnée et entourée.

Sur le plan de la doctrine, très vite en 2021, **la devise de la police municipale parisienne a été écrite ainsi : Proximité, Disponibilité, Exemplarité**.

La police municipale veut non seulement « tenir » le territoire, mais aussi le connaitre ; inversement, les riverains, les Parisiens, les touristes, doivent aussi la connaitre et la rencontrer. Les policiers municipaux parisiens sont dans une démarche à la fois de prévention (ils pourraient jouer au football avec les habitants), mais aussi d'information, d'explication et de sanctions (contraventions pénales de la 2e à la 5e classe ou sanctions administratives) ; il s'agit de faire de la pédagogie pour les infractions ou les manquements qu'il leur incombe de relever.

Il s'agit **de « labourer » l'espace** et éviter la commission d'infractions (essentiellement contraventionnelle : malpropreté, encombrement de l'espace public, nuisances sonores, stationnement gênant, conduite dangereuse, etc.).

Éviter la commission d'infractions, n'est-ce pas contribuer à la baisse de la délinquance sur Paris ? Ainsi, il faut affirmer haut et fort que la police municipale effectue sa part du travail. Par sa présence, elle évite les cambriolages, les agressions de rue, les harcèlements sexistes, les bagarres ou rixes, voire la prostitution. Alerté par des riverains de la rue St Denis, j'avais personnellement participé à une réunion de quartier sur le sujet des prostituées occasionnelles qui hantaient tous les soirs la rue et faisaient leurs passes dans les portes-cochères. J'ai affecté des équipages de l'unité nuit, en mode quasi statique ; par leurs simples présences, ils ont fait fuir lesdites prostituées et les riverains se sont montrés satisfaits.

Répondre aux besoins des citoyens, n'est-ce pas la plus belle des tâches allouées aux effectifs de police ? Ce qui permet de laisser la police nationale se tourner principalement vers la défense de l'État (*cf. les articles des sociologues Christian Mouhanna et Olivier Renaudie*).

Mais le grand mouvement de proximité que la ville de Paris souhaita ne consiste pas seulement dans la présence de médiateurs ou des agents de l'unité spécialisée (UASA), mais de tous les policiers municipaux. En effet, même s'il est rappelé que tout policier municipal parisien est actif sur le plan de la prévention (car il agit avec discernement sur le terrain, et estime s'il doit établir ou non un procès-verbal), il patrouille surtout à pied ou à vélo, et le moins possible en voiture. Il connaît son environnement car il est dédié à un quartier qu'il sillonne ou « laboure », de manière à appréhender, grâce à des parcours de tranquillité publique, les gens, les habitudes, les mésusages. Il est connu en retour, par les gardiens d'immeuble, les commerçants, les mères de famille, bref, toutes les personnes qui composent « son » quartier.

Aucune autre police municipale n'a déployé à ce point cette doctrine de terrain, doctrine de proximité, et même, « d'ultra-proximité » comme l'ont appelé plusieurs élus du Conseil de Paris dont Nicolas Nordman, maire adjoint chargé de la police municipale.

En l'absence de postes de police municipaux, la ville de Paris a mis très vite en place des points de rencontre pour pouvoir « fixer » le Parisien afin qu'il puisse déposer ses doléances, ou tout simplement discuter. Nuls postes fixes de police municipaux, mais des rencontres à même le terrain, sur la voie publique. Le bureau du policier est alors « la rue ». Des « totems » fixes dans chacun des arrondissements ont petit à petit été créés, panneaux annonçant qu'à telle heure le parisien pourra rencontrer, à cet emplacement, plusieurs policiers municipaux. À ces totems fixes, se sont ajoutés des totems mobiles (kakémonos) utilisés lors divers évènements prévus ou non. Ils permettent alors d'expliquer à la population les événements en cours : incendie avec rues barrées, brocante, travaux, etc. Il faut qu'à tout moment de la journée, et suivant les évènements qui peuvent advenir, la police municipale parisienne puisse déployer ce « guichet » pour répondre au citoyen.

D'autres polices municipales, comme Lyon, ouvrent au public des antennes ou d'autres encore ont des postes mobiles, avec toujours la même interrogation : comment rapprocher la police de la population ?

Ce rapport à la population doit nous amener plus loin, c'est-à-dire, à la prise en compte et au rendu compte de ces demandes à la population. Un observatoire de la tranquillité publique a donc été créé en mars 2023 au sein de la ville de Paris ; il analyse les données et fait en sorte que les statistiques qui reflètent l'activité de la police municipale reflètent aussi les demandes qui avaient été exprimées. Ces données subjectives permettent d'apporter des réponses soit directement, soit de saisir les partenaires internes ou externes compétents (services de la propreté, voirie ou des espaces verts ; préfecture de police ; ou autres).

La prise en compte du ressenti des agents qui arpentent tous les jours à pieds ou à vélo, leurs arrondissements (principe de territorialisation), doit aussi compléter le diagnostic.

L'échelle à terme sera le quartier (à Paris, il existe 123 conseils de quartier) ; le projet est de créer des référents par quartiers, connaissant et étant reconnus dans le quartier où ils/elles exercent, afin de pouvoir, être saisis grâce à une adresse électronique, par les habitants.

Ces remontées d'informations, la police municipale peut les comparer avec l'activité statistique afin de bien voir si elle répond aux demandes de la population.

Après analyse et compilation par l'Observatoire, il faut ensuite faire redescendre par des actions les demandes, et en informer les citoyens.

À Paris, le mouvement part donc bien du citoyen à la structure de sécurité pour redescendre vers le citoyen, qui a le dernier mot ou, à défaut, qui peut exprimer ses attentes via de multiples canaux.

Cette prise en compte, démocratique par participation, est essentielle pour une police qui se veut « au service » de la population.

La police municipale parisienne fait également du « crowdsourcing », ce qui signifie de demander de l'aide auprès des habitants pour qu'ils aident à prendre en compte les problèmes sur l'espace public. Via l'application « Dans Ma Rue » (DMR), la police municipale parisienne passe par exemple par les associations de cyclistes pour qu'ils signalent les épaves de vélos qui encombrent l'espace public.

Là encore, c'est la volonté de se rendre disponible pour résoudre les désagréments auxquels est confrontée la population.

Un bulletin trimestriel est publié, en plus des données d'activités transmises en accès libre (« open data »).

Il est essentiel que la police municipale parisienne puisse montrer à la population qu'elle répond à ses demandes. Celles-ci arrivent par divers canaux : le téléphone au centre d'appel, les demandes exprimées sur l'application DMR (dans ma rue), les envois sur le site Paris.fr, et les divers courriers envoyés aux mairies d'arrondissement, à la mairie centrale ou dans les directions de la ville de Paris.

La relation « usagers » est un service, au sein de la Direction de la police municipale et de la prévention, qui est chargé de cet Observatoire, et surtout du traitement de ces données. Comment transformer des données subjectives, des informations liées au sentiment d'insécurité, à des impressions, en directives pour les agents ? Ces données ne sont pas moins importantes que les plaintes portées au commissariat. Il faut en tenir compte, mais pas seulement, il faut agir, mais pas seulement, il faut que le « signaleur » sache que la police municipale parisienne a agi par le changement visible sur le terrain mais aussi grâce à un message personnalisé lui signifiant que la police municipale parisienne a agi.

Vaste chantier... mais nécessaire à cette démocratie participative que veut la ville de Paris. La police municipale est au service des citoyens, il faut mettre les moyens pour cela.

Cette volonté de transparence, ce souhait d'être « au service », sont essentiels, et fondent la doctrine de la police municipale parisienne. Ce sont les élus locaux qui administrent la ville, mais c'est la population, in fine, qui « dirige » l'action de la police municipale de Paris. Ce point est essentiel. Il s'agit là de l'ADN de cette nouvelle police municipale.

Il est prévu aussi que cet observatoire soit en lien avec l'assemblée citoyenne, structure créée par la Maire de Paris, rassemblant des citoyens volontaires. Leurs points de vue sont aussi essentiels. Ils travaillent sur divers sujets pendant l'année ; pour l'année 2023/2024, l'un des thèmes est le « sans-abrisme ». La conférence citoyenne pour l'anniversaire des deux ans de la police municipale a insisté sur le rapprochement nécessaire entre police municipale et population ; par conséquent, l'assemblée citoyenne suivante, en novembre 2024, va préalablement, mettre en œuvre des ateliers participatifs dans chacune des mairies d'arrondissement pour ensuite synthétiser les travaux. L'objectif est d'écouter la population à cette occasion ; les résultats d'un sondage qui sortiront durant cette période orienteront aussi les débats.

La ville de Paris a l'intention d'aller plus loin dans le rapprochement avec la population. L'année 2025 verra la création de **référents de quartiers** susceptibles de répondre aux personnes sur tout ce qui concerne la sécurité du quartier, et de participer aux conseils de quartiers. Le référent sera connu de tous et connaîtra un maximum de personnes qui auront des responsabilités diverses dans le quartier concerné.

B.3 Faut-il être armé pour faire de la proximité ?

Ce sujet n'est pas facile à aborder car il y va de la protection des agents eux-mêmes, au-delà de la posture bienveillante utile pour la proximité avec le citoyen.

Les sergents de ville du début du 19e siècle avaient une épée. Les bobbies anglais n'ont qu'un simple bâton. C'était la volonté de Robert Peel plusieurs fois ministres et Premier ministre qui avait décidé de créer une police londonienne, non armée dont les principes d'action (« policing by consent ») vont nous rappeler ce qu'il est tenté de mettre en place à Paris : *« la police ne peut s'acquitter de ses fonctions que dans la mesure où ses actions sont approuvées par le public »* ou *« la coopération du public diminue proportionnellement avec la nécessité de recourir à la force physique et à la coercition ».*

Dans la discussion du projet de loi 1999 sur les polices municipales, le ministre de l'Intérieur Jean Pierre Chevènement affirmait que *« le délinquant qui souhaite neutraliser un policier municipal armé sera lui-même sur-armé ».* On entre donc dans un processus de surenchère.

La loi a donné aux maires la possibilité d'armer leur police municipale de façon létale. Cela reste une possibilité pour les communes, alors même que pour l'État, les adjoints de sécurité, titulaires d'emplois jeunes, sont autorisés à porter une arme après une formation de deux mois au sein de la police nationale. Selon l'art L 412-51 du CSI : *« lorsque la nature de leurs interventions et les circonstances le justifient, les agents de PM peuvent être autorisés nominativement par le préfet, sur demande motivée du maire, à porter une arme ».*

Dans la discussion au Conseil de Paris avant le vote de la délibération créant la PM à Paris, Nicolas Nordman, adjoint au maire chargé de la sécurité s'est exprimé sur le sujet (séance des 1er, 2, 3 et 4 juin 2021) : *« Je le répète, pour les missions que nous voulons donner à notre PM, l'armement n'est pas nécessaire, mais surtout le non-armement létal doit nous permettre aussi de distinguer ce que fait la PN de ce que fait la PM. C'est également un moyen extrêmement important qui permet cette distinction des missions et des polices. D'ailleurs, le fait de ne pas avoir d'armement ne signifie pas que nous nous désintéressons de la protection de nos agents ; la protection de nos agents est une priorité et évidemment nos agents auront des armes de défense, auront la possibilité d'avoir un entraînement physique pour pouvoir agir sur le terrain. »*

À Paris, il n'y a donc pas d'armement létal des agents de police municipale. Le même choix a été fait à Lille, Bordeaux ou Nantes.

En mai 2018, un rapport interne à la ville de Paris sur l'armement avait été rédigé (« rapport Hulin »). Nombre d'inspecteurs de la Ville de Paris (ISVP) rencontrés avaient manifesté un penchant affirmé pour les fonctions de police et de maintien de l'ordre, qui légitimeraient selon eux une évolution de l'armement, alors qu'ils n'ont pas vocation à exercer des fonctions de Police judiciaire. Ce discours avait été en partie relayé par certaines organisations syndicales.

La conclusion de ce rapport interne était la suivante : *« Il est clair que le recours à l'armement létal ne présente que très peu de liens opérationnels avec les missions des agents de la DPSP. La lutte contre les incivilités, priorité clairement établie par la municipalité, n'exige pas de renforcement de l'armement vers un type létal. Il faut donc orienter la réflexion sur un angle différent et plutôt vers la nécessaire protection des agents. »*

Comme déjà évoqué, si les agents de police municipale étaient dotés d'armes létales, il y aurait un coût financier non négligeable pour la ville de Paris.

Le rapport évoquait un coût annuel estimé à 2 460 € par agent (arme + équipement + formation obligatoire). Il fallait y ajouter la formation continue et la construction d'un site dédié au stockage des armes et des munitions. En raisonnant par « tranche de 300 agents » (déploiement progressif), le coût était estimé entre 4 et 5 M€ annuels.

Il est clair que l'armement des polices municipales est désormais une tendance forte au niveau national, qui traverse les clivages politiques, et qui s'est en partie concrétisée dans le contexte émotionnel des attentats terroristes depuis l'année 2015.

Actuellement, en droit positif, l'armement des policiers municipaux est régi par le CSI, précisé par l'arrêté ministériel modifié du 25 juillet 2012, relatif à la détention et au port d'armes par certains agents de la ville de Paris chargé de service de police. Les conditions d'octroi d'un port d'arme à des agents municipaux parisiens sont restrictives.

L'article 1 de l'arrêté ministériel dispose « que la Ville de Paris peut acquérir et détenir en vue de la remise aux agents concernés les armes suivantes :

a) Matraque, bâton de défense de type tonfa télescopique (...)

b) Générateur d'aérosol incapacitant ou lacrymogène (...). »

L'article 2 délimite la possibilité d'attribution du port d'arme aux seuls techniciens de tranquillité et de sécurité, et aux inspecteurs de sécurité de la Ville de Paris. Il détermine les conditions auxquelles les agents mentionnés à l'article 1 peuvent être dotés et utiliser les armes précisées. L'autorisation de port d'arme ne peut être délivrée qu'à titre individuel et nominatif pour chaque agent, et sous condition d'une formation validée préalablement ; ils sont aussi astreints à suivre une formation périodique.

Actuellement, pour accomplir ces missions, par choix de la maire de Paris, Anne Hidalgo, l'équipement des policiers parisiens ne fait appel à aucune arme létale ou au pistolet à impulsion électrique. Il est constitué uniquement d'éléments servant à protéger les fonctionnaires avec un gilet pare-balles, un tonfa (bâtons à poignée latérale), une bombe lacrymogène de 300ml, et une paire de menottes.

La « protection » des agents de police municipale dont parlait le rapport interne de la ville de Paris s'obtient par un entraînement physique hebdomadaire (1H30 par semaine pour des missions GTPI et des débriefings de situations délicates vécues sur le terrain), des caméras piétons, et une doctrine claire et affirmée de proximité et non d'intervention.

L'armement létal systématique peut contribuer à entretenir une certaine ambiguïté au regard de la nature de la mission de la police municipale. Il faut laisser le maire décider de quelle façon il souhaite armer sa police municipale, ainsi que l'ont rappelé les récents travaux parlementaires (rapport AN du 19 juillet 2023 précité). Le rapport parlementaire préparant la loi sécurité globale, prévoyait, en 2021, de renverser le principe avec une généralisation de l'armement létal, sauf exception, mais ce projet a été abandonné lors des débats.

On peut se poser la question de l'impact que l'on aurait à mettre un policier national en statique à un totem, à disposition des passants ; les personnes iraient-elles naturellement lui parler ? Le gardien de la Paix serait-il à l'aise dans ce contact alors qu'il est constamment, malgré lui, dans une posture d'autorité ?

La mort d'un jeune automobiliste (Nahel) en juin 2023, à Nanterre, et les émeutes de fin juin 2023 qui ont suivi ont fait ressurgir le débat sur l'armement des policiers municipaux.

Une polémique suscitée par le syndicat FO à Lyon a lancé la discussion ; la police municipale « aurait été enfermée derrière les grilles de l'hôtel de ville, n'aidant pas la police nationale à protéger les commerçants ». La municipalité a nié tout désengagement, mais la doctrine d'emploi de cette ville a été mise au cœur du débat.

Au premier regard, on pourrait penser que les agents de la police municipale auraient dû aider leurs collègues de la police nationale.

Néanmoins, est-on dans une situation normale quand il y a émeutes ? Le rôle des policiers municipaux est-il, dans ces moments de crise, d'apporter aide et assistance aux policiers nationaux pour l'exercice de leurs missions, c'est-à-dire protéger les hommes et les biens ?

C'est, pour nous, aller à l'inverse de ce que nous affirmons et de ce que nous voulons comme doctrine d'emploi.

Comment agit la ville de Paris, alors qu'elle a aussi une police de proximité ? En prenant le mot « proximité » dans son sens premier, en étant proche des habitants.

Les consignes données étaient d'alerter, sur tout rassemblement pouvant avoir lieu sur la voie publique. C'est comme cela que, grâce aux contacts avec les clubs de prévention, la police municipale parisienne a appris que des bandes qui, ordinairement, s'affrontaient, se retrouvaient autour de la mort du jeune Nahel, pour crier vengeance.

Ces alertes retransmises immédiatement à la Préfecture de police ont épargné la police municipale parisienne d'être au cœur des affrontements, tout en aidant la police nationale. La police municipale parisienne a même « hébergé » des véhicules de police dans un de ses parkings afin d'éviter que ceux-ci soient dégradés.

Il n'a été nullement question de s'extraire des zones et de s'enfermer. Il a été donné comme consignes que les agents parisiens circulent en véhicule plutôt qu'à pieds.

Après les affrontements et les dégradations, les agents ont été rencontrer les commerçants dont les boutiques avaient été pillées ou saccagées. Là encore, ils étaient dans leur rôle de proximité.

La maire de Vénissieux, a exprimé à sa manière, la même chose pour sa police municipale : Les ASVP (voie publique) ou les agents du CSU (centre de supervision urbaine) ont contribué aussi, à répondre à la situation de crise. "Nous avons ainsi pu dire aux policiers nationaux de se désengager de guet-apens détectés par les caméras du CSU", a-t-elle assuré.

Elle a ajouté sur la question de l'armement : "Et le jour où les agresseurs utiliseront des bazookas, on utilisera des chars...? L'armement appelle l'armement, ne protège pas, mais contribue à l'escalade", a-t-elle conclu.

L'apport, lors de ces émeutes, d'unités d'élite comme le RAID, le GIGN ou la BRI, interroge car ces policiers ou gendarmes ne sont absolument pas formés au maintien de l'ordre ; a fortiori, les policiers municipaux le sont encore moins !

Faut-il donc tomber dans le piège d'armer les policiers pour aider la police ? Cela ne semble pas souhaitable, sauf à perdre ce contact auprès de la population, dans un engrenage insoluble et mortel.

Nous pensons au contraire que les relations nouées dans le domaine de la prévention avec les clubs de jeunes pour le travail sur les rixes ont aidés à maintenir Paris plus calme.

Tous les réseaux parisiens ont été activés dès les premières émeutes en banlieue, notamment grâce aux boucles de courriels déjà mises en place pour la prévention des rixes. Le réseau associatif a été mis à contribution et a informé la police municipale parisienne des regroupements. Les éducateurs, et les médiateurs ont apaisé les tensions.

En outre, cette police de proximité, par ses contacts quotidiens avec les riverains et les jeunes, doit servir, en pareille période, à apaiser.

La police municipale n'est pas la police nationale et se différencie par, non seulement, son uniforme, mais surtout son comportement, son ouverture, ses contacts de longue haleine.

En ces périodes de tension, tous ces éléments jouent pour apaiser les situations.

La police de proximité doit permettre de stabiliser le climat car des relations de confiance se sont nouées entre agents de police municipale et la population.

Lors du conflit au proche Orient en octobre 2023, les agents de la police municipale parisienne ont contribué à la sécurisation globale de la voie publique et particulièrement à proximité des lieux israélites (écoles, commerces et synagogues). Seulement, il n'était pas question de se positionner en garde statique devant les synagogues (les policiers y sont avec pistolets mitrailleurs) ; en revanche, les parcours de tranquillité publique des agents de la police municipale ont pris en compte le passage devant les lieux sensibles.

Voici donc les choix qui ont été faits pour la police municipale parisienne. Ce n'est pas anodin car ceux-ci structurent son action quotidienne et celle de ses agents.

Cette police municipale parisienne est maintenant reconnue dans ces choix et les policiers municipaux issus d'autres communes qui veulent intégrer la ville de Paris y viennent mettre en œuvre ces choix. Ils savent qu'on ne leur demandera pas de faire des surveillances, de se concentrer sur du flagrant délit, de participer à des perquisitions avec les enquêteurs de la police nationale, ou de prendre les appels de « police secours » à partir d'une certaine heure.

Certains policiers municipaux qui veulent venir à la ville expliquent que la doctrine d'action de leur commune a changé et qu'ils ne s'y retrouvent plus. Ils ne sont pas rentrés dans la police municipale pour faire du « saute-dessus ».

VI
Les Jeux olympiques de Paris 2024 et la proximité

Cet évènement, préparé depuis au moins deux ans, a été l'occasion pour la police municipale d'affiner sa doctrine et de se mettre en ordre de marche, non seulement pour faire face aux demandes municipales, mais aussi aux renforts demandés par la Préfecture de police.

Les demandes municipales se sont multipliées : non seulement 16 arrondissements souhaitaient des sites de festivités (2 sites dans le 18e), mais un nouveau « Paris Plage » sur le Canal St Martin, s'est ajouté aux deux existants : « Rives de Seine » sur la Seine, et bassin de la Villette.

Avec la sécurisation du 14 Juillet ou du Nouvel An, la police municipale parisienne avait déjà réalisé de gros services, mais cette participation aux Jeux olympiques a conféré à la police municipale parisienne ses lettres de noblesse.

Le 26 juillet, pour la cérémonie d'ouverture, un millier de policiers municipaux ont été mis à disposition de la Préfecture de police, pour participer au dispositif de sécurité. Dans le reste de Paris, 1 200 agents supplémentaires – policiers municipaux et agents d'accueil et sécurité – ont été mobilisés sur le passage de la flamme, bassin de la Villette et Canal St Martin, notamment à l'aide de motards ou de policiers embarqués sur deux bateaux PM afin de la suivre au plus près. Ils étaient aussi présents sur les sites de festivités où des écrans géants avaient été installés afin que le public puisse suivre la retransmission de la cérémonie. Une foule s'y est pressée, justifiant a posteriori notre décision de renforcer les lieux.

La nuit même, la Préfecture de police avait demandé une aide pour le démontage des installations le long de la Seine et les agents de nuit ont tenu des points de circulation jusqu'à parfois 9h du matin.

Après la cérémonie, environ 1 200 agents sont restés mobilisés en moyenne chaque jour. Ils ont effectué un très important travail de l'ombre, notamment pour préparer les courses cyclistes et pédestres, passant dans les rues parisiennes, en plus de leurs missions habituelles.

La Ville de Paris a équipé ses agents à l'approche des Jeux : caméras-piétons, nouveau poste de commandement mobile, barrières antibélier, vélos, autant de matériels voués à rester à disposition de la police municipale après les Jeux olympiques de Paris 2024.

La vraie question est la doctrine d'emploi des agents de cette nouvelle police municipale.

Le ministre de l'Intérieur ou le Prefet de police se sont félicités de la bonne entente entre les multiples forces de l'ordre et la population.

Les policiers nationaux ou gendarmes, et même les militaires ont été applaudis. « Les forces de l'ordre se sont rapprochées de la population durant ces JO, n'en déplaise à la minorité qui les désigne comme violentes et racistes. Quand il n'y a pas nécessité d'intervention, les policiers n'interviennent pas. Ils sont là pour aider les gens, les conseiller, les guider », a expliqué le Préfet de police dans un entretien au *Parisien.*

La clé est peut-être dans cette phrase « Quand il n'y a pas nécessité d'intervention, les policiers n'interviennent pas ».

Les forces de l'ordre régaliennes ont donc fait de la police de proximité.

À un journaliste qui demandait ce qui avait changé pour les policiers municipaux, j'expliquais que « nous avons l'habitude d'être au contact de la population, d'échanger, de renseigner la population. Pour nous rien n'a changé.

Nous avions même voulu être encore plus disponibles aux touristes, en attribuant aux agents parlant une langue étrangère, des badges sur leurs uniformes, « je parle l'italien, l'anglais, etc. » dans la langue concernée ».

Toute la formation de policiers municipaux tend à cette facilité de proximité. Ainsi un agent PM interrogé par *Le Monde* disait : « *On a une vraie facilité de contact, puisqu'on n'est pas identifiés comme des policiers, on n'a pas d'autres armes que la parole* », estime Jamila, 48 ans. « *On a été beaucoup formés, car notre quotidien est à la frontière de plein de sujets, incivilités du quotidien, fortes chaleurs, harcèlement de rue, violences conjugales, etc. On n'a pas systématiquement la solution, mais on pousse les gens à parler, et, s'ils se sentent écoutés, c'est déjà une partie du problème qui est résolue. »*

Si on revient à l'engouement vis-à-vis des forces de l'ordre classique, il convient de s'interroger sur les causes.

Faut-il que l'État revienne à la police de proximité ? En a-t-elle les moyens ?

Faut-il, pour reprendre la phrase pré-citée (« Quand il n'y a pas nécessité d'intervention, les policiers n'interviennent pas »), éviter les contrôles d'identité continuels, et s'en tenir au flagrant délit ? Est-ce que la liberté des personnes doit être plus respectée, en considérant qu'elle auto-régule les désordres sur l'espace public ?

Quelle posture nouvelle les forces de l'ordre ont-elles employée donnant cette impression de convivialité ?

Est-ce parce que l'espace public était saturé de policiers que la pression quotidienne a pu s'estomper ?

« Les JO de Paris 2024 en sont la preuve : la confiance, le dialogue et l'inclusion sont les clés d'une politique sécuritaire efficace » selon Réda Didi, délégué général de l'association Graines de France, au Monde.

La force de cette stratégie résiderait dans son inclusivité, particulièrement dans les quartiers populaires. (...) Les autorités ont compris que la sécurité ne pouvait être imposée de l'extérieur, mais devait être coconstruite avec les habitants, répondant ainsi à leur demande légitime de sécurité sans sacrifier leurs droits.

Cette écoute a permis de renforcer la confiance entre les habitants et les forces de l'ordre, montrant ainsi que la sécurité est un droit partagé par tous, indépendamment du lieu de résidence.

Cette réussite ne tient donc pas seulement à la mobilisation des moyens, mais aussi à la qualité de la relation entre la police et la population, notamment dans les quartiers populaires. La police, souvent perçue comme une force répressive, a ici été repositionnée en tant que partenaire des citoyens ».

Que penser de ces affirmations ? Les policiers ou gendarmes n'ont pas reçu des instructions les poussant à être ouverts. C'est leur nombre qui a permis une disponibilité plus forte.

Est-ce que la sécurité a été coconstruite avec les habitants pendant les Jeux olympiques de Paris 2024 ? Nous en doutons, même si l'enjeu était d'accueillir et de permettre la fête olympique.

Quoi qu'il en soit, on peut constater, comme M Didi, l'exprime, que : « *Cette approche a permis de désamorcer des tensions et de créer un environnement plus serein. Les forces de l'ordre ont adopté une posture de proximité, favorisant la médiation plutôt que la confrontation. Les habitants ont ainsi pu constater que leur sécurité était une priorité pour l'Etat, non seulement en matière de présence policière, mais aussi de respect et de considération pour leur vécu quotidien* ».

VII
La doctrine d'emploi des polices municipales. Choisir entre plusieurs impératifs contradictoires

Il se dessine sur le territoire national, deux types de polices municipales, à la discrétion des maires, tant par les doctrines définies, que par les équipements fournis : la police d'intervention et la police de proximité.

On peut regretter que le législateur ne soit pas plus précis sur les missions exactes des policiers municipaux ce qui éviterait d'avoir tant de disparités d'action entre les villes. On constate en effet autant de types de polices municipales qu'il y a de villes en possédant, dans un cadre légal déterminé.

Chaque maire conçoit « sa » police comme il l'entend et personne ne pourrait le lui reprocher. C'est avec l'argent des contribuables de sa commune, qu'il le fait et il est tout à fait légitime pour prendre en compte les besoins de ses administrés et y répondre au moyen d'agents assermentés qui dépendent de lui.

Mais alors peut-il le faire sans prendre en compte l'autre partenaire de sécurité qu'est la police nationale ?

Comment peut-on coordonner des actions qui, a priori, sont différentes ?

Et quand un partenaire, en l'occurrence, l'État fait défaut, peut-il intervenir en suppléance de la Police nationale ou bien agir dans le domaine propre qui est le sien, la lutte contre les incivilités et le Code de la route (que nous appelons ici à Paris, code de la rue) ?

A - Comment travailler avec la police nationale ?

L'art 2 de la loi du 15 avril 1999 relative aux PM a institué les conventions de coordination, signées par le maire et le préfet, ainsi que par le procureur (dès que la PM a plus de 5 agents). À Paris, la Convention de coordination a été signée avec la Préfecture de police et la Procureure de Paris le 18 octobre 2021, qui est désormais la date anniversaire de la police municipale parisienne.

Il est dit dans l'art 1er ce qui ne relève pas de la PM :

« Certaines missions ne relèvent pas de la compétence de la police municipale parisienne :

- la répression des crimes et délits ;

- la répression de l'usage et du trafic de stupéfiants ;

- la lutte contre le terrorisme ;

- le maintien de l'ordre lors des attroupements ou manifestations revendicatives sur la voie publique ;

- les mesures de police administrative exercées au nom de l'État ;

- les admissions en soins psychiatriques d'office ou à la demande de tiers ;

- le maintien de l'ordre au sein des gares et transports publics de voyageurs. »

Et certaines fonctions sont partagées :

« Eu égard, d'une part, aux compétences attribuées par la loi aux agents de police judiciaire adjoints et, d'autre part, aux compétences de police de la Maire de Paris, certaines missions sont partagées entre la police municipale parisienne et la préfecture de police :

- les infractions du quotidien dans l'espace public (notamment liées aux nuisances sonores) ;

- les ventes à la sauvette ;

- les infractions au Code de la route (sur la voirie, les trottoirs et les zones piétonnes) ;

- la prévention de la délinquance des mineurs (dont le risque de rixes dans l'espace public) ;

- la prévention des violences sexistes, sexuelles et intrafamiliales ;

- la protection des personnes vulnérables et l'aide aux victimes ».

L'art 15, prévoit les instances de coordination : réunion du maire, du Commissaire et du Chef de division territoriale de PM ; au niveau des directeurs (art 14), le rythme est toutes les trois semaines. Enfin, l'art 22 prévoit les réunions au niveau du Préfet avec le secrétariat général.

Le travail « police nationale/police municipale » est prévu à l'art 22 : *« Des opérations conjointes de la police nationale et de la police municipale sont menées régulièrement. »*

Une trentaine d'opérations conjointes environ sont organisées chaque semaine à Paris. On remarquera qu'on parle bien d'« opérations conjointes » et non d'« opérations mixtes ». L'adjectif « conjoint » signifie « dans le même trait de temps » et « à côté ». Cette précision est très importante car il ne s'agit pas d'opérations où les agents PN et PM arriveraient en patrouilles mixtes, dans le même véhicule, mais plutôt dans le même trait de temps, de manière coordonnée, et à côté, même si un briefing commun peut être fait au commissariat.

Le sujet des ventes à la sauvette est significatif de la répartition des actions entre les partenaires. En effet, il s'agit d'un délit prévu par le Code pénal, dont la police municipale ne peut trouver sa compétence puisqu'elle intervient pour réprimer les contraventions. Néanmoins, elle pourra verbaliser en dépôts de voie publique l'auteur qui aura, sans autorisations, laissé les légumes, les objets, sur la voie publique. Elle ne pourra les saisir ; là encore, il s'agit d'une compétence de la police nationale.

En revanche, on pourra considérer qu'il peut y avoir flagrant délit si la police municipale constate que la personne est en train de vendre. Comme tout citoyen, alors, elle pourra appréhender l'auteur et le remettre à l'OPJ. C'est ce que résume l'article 22 de la convention :

> *« Dans le cadre de ces opérations conjointes, les agents de police municipale peuvent appréhender les auteurs présumés du délit dans les conditions prévues aux articles 21 et 73 du code de procédure pénale et les mettre à disposition de l'officier de police judiciaire permanent territorialement compétent qui procède à la vérification d'identité sur place ou au commissariat le plus proche. La police nationale saisit les marchandises délictueuses tandis que la police municipale, appuyée de la direction de la propreté, restaure la physionomie initiale de l'espace public ainsi libéré. En complément, les agents de la police municipale procèdent à la verbalisation et aux demandes d'enlèvements de véhicules servant à acheminer et stocker des produits en vue de leur vente à la sauvette ».*

La police municipale peut aussi participer à de nouveaux types d'opérations. Au printemps 2019, ont été mis en place, par la Préfecture de Police, mais aussi partout sur le territoire, les GPO (groupes de partenariat opérationnel) réunissant police nationale, police municipale, bailleurs, transporteurs, éducation nationale, associations. Leur source provient d'une note de la Direction générale de la police nationale (DGPN), datée du 15 avril 2019 et transmise via les préfectures aux directions départementales de la sécurité publique (DDSP), qui porte doctrine de la Sécurité quotidienne et appelle à la création de ces GPO. « Il s'agit de répondre à une urgence, sur des délais courts, avec un plan d'action précis ». Ce dispositif reste piloté par la Préfecture de police. La police municipale y participe, comme elle peut participer « au plan tourisme » ou au « plan sauvette ».

Elle participe aussi à des opérations conjointes avec d'autres partenaires comme la RATP, aux stations trams ou aux abords des stations de métros. Un briefing commun est alors organisé en surface et les secteurs sont repartis (la RATP en sous-sol et la police municipale en surface car elle n'est pas habilitée à y descendre, n'ayant pas de moyens de radio adéquats).

Des opérations conjointes peuvent aussi être menées avec les douanes sur les vendeurs de cigarettes, ou bien avec le GPIS (groupement de sécurité inter-bailleurs qui intervient dans les cages d'escaliers ou les parties communes dans bailleurs ayant contracté). Dans ce cas, suivant les principes de compétence respectifs entre les intervenants, les agents du GPIS interviendront dans l'enceinte de l'immeuble et les policiers municipaux à l'extérieur, aux abords, pour intervenir sur les incivilités par exemple.

B - Quelle frontière peut-on tracer entre les compétences de chacun ?

L'État, qui exerce son activité régalienne, a dû se concentrer petit à petit, à la suite notamment des actes terroristes, ou des manifestations violentes lors du mouvement des gilets jaunes, vers des activités de renseignements, de recherche, d'enquêtes et de maintien de l'ordre.

Ce mouvement a contribué à une désertion de la voie publique par les gardiens de la paix, occupés à répondre aux appels police secours (17), pour aller d'un point A à un point B, occupés à des astreintes de maintien de l'ordre, ou à la rédaction de procédures judiciaires de plus en plus lourdes et complexes.

Certaines polices municipales ont donc pris le parti de pallier à cette absence d'agents dissuasifs sur le terrain, en prenant en charge les missions de la PN.

Le maire de Nice en avril 2023 expliquait ainsi :

> « *Devant l'inaction du gouvernement et du ministre de l'Intérieur Gérald Darmanin. Malgré l'aggravation de la situation dans le quartier chaud des Moulins et le risque d'une situation à la marseillaise avec une multiplication des règlements de comptes sanglants, Beauvau n'a pas déployé chez nous de moyens renforcés.*
>
> *Alors la Ville de Nice prend les choses en main, en renforçant la vidéoprotection d'abord : la lecture des plaques d'immatriculation permettra de traquer les consommateurs, et donc de nuire aux filières.* »

Dans le même temps, certaines missions ont alors été définies par la police nationale, comme des « charges indues ».

Cette notion a évolué avec le temps ; par le passé, elle désignait par exemple le secours aux blessés ; par la suite, elle s'est étendue à la protection des écoles, par exemple et aujourd'hui, aux transferts des détenus. Tout ce qui n'entre pas dans le strict champ de l'interpellation et de l'enquête judiciaire (criminelle ou délictuelle), peut être ainsi remis en cause. À Paris, le domaine de la circulation est de plus en plus orienté vers le champ de compétence de la police municipale. Or, on ne gère pas la circulation de Paris, sur les grands carrefours ou aux grandes protes de la ville, comme on gère un point de circulation à un carrefour d'un quartier. Il y a là une compétence très complexe qui ne s'improvise pas. La Préfecture de police, même si elle a réduit ses effectifs de la compagnie de circulation de la DOPC, possède ce savoir-faire. En outre, les agents de la police municipale sont polyvalents ; certes, ils peuvent faire la circulation à un carrefour, mais n'ont pas à y passer durant toute une matinée car ils exercent aussi durant cette même journée les missions de lutte contre les incivilités ou de protection routière.

Certaines PM ont donc évolué, d'une police de proximité vers une police d'intervention, fondée sur l'art 73 du code de procédure pénale, délaissant toutes les infractions contraventionnelles de voie publique au grand dam du contribuable municipal et des compétences spécifiques liées à l'espace public (lutte contre les incivilités, protection routière). Or, à Paris, si la police municipale ne dresse pas plus d'un million deux cent cinquante mille procès-verbaux par an dans son domaine de compétence, qui le fera ?

Ainsi, une lente évolution est en marche : Certains commissariats n'ont plus de véhicules la nuit ou ferment à 19H et laissent la PM agir. Ou bien, possèdent sur l'espace public des bornes d'appels reliées à la PM permettant d'agir vite, y compris pour répondre à des actes terroristes comme à Nice.

Ces exemples montrent la paupérisation des services de l'État, mais surtout l'inégalité entre les citoyens suivant qu'ils habitent une commune qui peut ou ne peut pas s'offrir une forte police municipale.

Ces maires s'orientent donc vers cette police d'intervention, estimant qu'ils ne peuvent laisser les choses en l'état, sans réagir. Ils ont perdu la bataille face à un État qui ne peut plus faire face au quotidien des infractions. Leurs agents de police municipale sont alors armés, interviennent en véhicule pour se rendre plus vite aux lieux signalés par les appels téléphoniques, et ils délaissent tout ce qui fait le tracas habituel des habitants, c'est-à-dire les incivilités du quotidien. Les habitants ont-ils mandaté ces maires à agir au nom de l'État ? Mais ces maires pouvaient-ils résister à la pression ?

Il en est différemment pour une ville comme Paris où la Préfecture de police reste une forte structure avec des renforts de compagnies de CRS et de gendarmes mobiles si nécessaire. Si un évènement grave survient, du fait de son statut de capitale, des renforts seront immédiatement déployés. De même, si la police municipale a besoin de renfort, elle sait qu'elle peut compter, via une bonne transmission d'informations entre salles de commandement, sur l'arrivée rapide d'équipages de police nationale.

À Paris, même si les policiers municipaux interpellent en flagrant délit, la police municipale n'est pas une police d'intervention et elle se concentre sur ses propres tâches (la lutte contre les incivilités et la régulation routière). Dans une ville aux multiples activités de restauration (bars et restaurant et leurs terrasses), aux nuisances sonores qui peuvent en découler, au flux impressionnant des touristes ou des « travailleurs » qui viennent de banlieue ou de plus loin, il est absolument nécessaire de lutter contre les incivilités routières ou celles qui perturbent la vie des habitants sur l'espace public.

Qui donc répondrait à ces tâches si les agents de la PM parisienne passaient leur temps à faire des surveillances sur les trafics de drogue ou allaient d'un point A à un point B au grès des appels des citoyens ?

La présence, la visibilité sur la voie publique est essentielle aux citoyens non seulement pour combattre l'insécurité ressentie, mais également pour dissuader la commission d'infractions. **En saturant si on le peut, l'espace public avec des agents en tenue, on peut réduire la délinquance visible.**

On ne se désintéresse pas du travail de lutte contre la délinquance, exercé par la Préfecture de police. Ainsi, par une présence visible de contact et de proximité, on réduit le nombre de cambriolages, on dérange les trafics, on fait fuir par exemple les prostituées de la rue St Denis. On contribue à la diminution de la délinquance. En outre, comme tout citoyen, le policier municipal interpelle en flagrant délit des personnes. Une moyenne de 10 interpellations par semaine est effectuée.

Mais il n'est pas souhaitable d'aller plus loin dans cette logique d'intervention.

C - Notion de Continuum de sécurité

À l'occasion de la préparation de la loi sécurité globale, les travaux préparatoires ont beaucoup évoqué le « continuum de sécurité » (sur la base du rapport parlementaire de 2018) entre polices municipales et nationales.

Il ne faut toutefois pas oublier le continuum entre polices municipales et sociétés privées de sécurité. La sécurité privée fait partie intégrante du continuum de sécurité même si on a tendance à l'oublier. Ses effectifs sont considérables et ses prérogatives ont été étendues, avec la création d'un code de déontologie spécifique intégré au CSI.

Elle aussi prend sa part dans la sécurité du quotidien et il convient de la mettre en valeur comme toute composante du continuum. Elle a des missions propres comme en ont la PM et la police nationale.

Nous avons fait le choix de faire monter en compétence les agents de sécurité privée afin de les aider. Ainsi, avant tout service pour lequel ils sont employés en nombre (Foire du trône, 14 juillet, Nuit blanche, Jeux olympiques, parc social avec le GPIS, etc.), les agents sont reçus, afin qu'ils puissent participer à une formation sur la posture, sur les règles déontologiques, sur les manières de faire des palpations, etc.

Les agents ainsi formés reçoivent un certificat de formation attestant ce suivi. Ce partenariat est gagnant / gagnant pour tous, car ces agents de sécurité privés sont très heureux de travailler avec la ville de Paris, qui elle-même bénéficie de leur apport.

Beaucoup de politiques utilisent cette périphrase de « continuum de sécurité », sans savoir comment les acteurs de terrain l'appréhendent et peuvent la mettre en application ; du reste, les rapporteurs, Alice Thourot et Jean-Michel Fauvergue, parlent dans leur document parlementaire, de « sécurité globale » : *« au concept de continuum, la mission privilégie celui de sécurité globale, qui correspond mieux à l'idée d'une participation de tous à la construction et à la mise en œuvre d'un dispositif où chacun est mobilisé en vue de l'objectif commun ».*

Les commentateurs ou les politiques utilisent cette expression pour faire passer une vision de la sécurité dans une commune. Cette expression signifie-t-elle « travailler ensemble » ou bien « travailler à la place » ?

Quand le ministre de l'Interieur en août 2023 déclare qu'après les nombreux coups de feu dans le quartier Pissevin à Nîmes, il a décidé, avec le Maire, de rouvrir un commissariat de police municipale et nationale, avec une police municipale qui fera la proximité et la police nationale qui fera les interventions, il fait bien les distinctions entre les deux missions ; néanmoins, il introduit une confusion dans l'esprit des habitants, des médias, et même des policiers municipaux et nationaux.

En outre, on ne voit pas comment dans un quartier dont le climat est dégradé, la police municipale pourra faire « de la proximité » (cf. mon livre sur *Les interventions de la police dans les cités*, éd. L'Harmattan, 2016). Pour intervenir en îlotage, il faut préalablement sécuriser la zone et que celle-ci soit apaisée, sinon, la sécurité des agents publics est elle-même en danger.

Construire un hôtel de police rassemblant policiers nationaux et municipaux conduit à travailler de concert, ce qui est une bonne chose sur le plan de la transmission des informations, à mettre en commun certains matériels (ce qui peut amener à des dérapages s'il y a un manque de voiture par exemple, on constituera un équipage commun), mais surtout, à faire croire qu'un policier municipal équivaut à un policier national dans ses missions, dans ses compétences juridiques, dans ses modalités d'action, ce qui est bien sûr faux.

En effet, le continuum de sécurité ne signifie pas prendre la place de l'autre.

Sebastien Roché, sociologue, estime dans un article paru dans la gazette de communes en décembre 2023, que *« à terme, le risque est que les PM ne soient plus vraiment au service des maires, mais deviennent un instrument au service de la politique centrale. Créées pour renouer le lien avec la population, les PM, dont la singularité est la proximité, pourraient être absorbées dans une chaîne, au nom du « continuum de sécurité ». Le gouvernement deviendrait alors, en quelque sorte, le chef d'orchestre, sans payer la facture ! C'est la raison pour laquelle, je pense, les PM n'ont aucun intérêt à vouloir devenir des clones de la police nationale ».*

On ne sait plus ce que recouvre exactement ce concept de continuum de sécurité ; ce n'est, en tous cas, pas pallier des carences des partenaires de la police municipale, mais plutôt travailler avec eux, c'est-à-dire co-produire de la sécurité et de la tranquillité, chacun dans son domaine de compétences.

Par des opérations « conjointes » ou « coordonnées », mais non pas « mixtes » (pas de patrouilles communes), des actions visant à la sécurité et à la tranquillité de tous, les deux forces sont complémentaires et s'ajustent plutôt que n'empiètent sur les compétences de l'autre.

En 2022, il s'est trouvé que deux anciens hauts fonctionnaires de la sécurité se sont exprimés sur ce point.

L'ancien Directeur général de la police nationale, Frederic Péchenard et l'ancien Directeur général de la Gendarmerie nationale, Richard Lizurey, ont réaffirmé chacun de leurs côtés, que « la Police municipale devait rester une police de proximité en charge de la tranquillité publique ».

Frederic Péchenard a dressé le constat suivant lors d'un entretien : *« l'État s'est désengagé d'un certain nombre de missions régaliennes pour les confier au privé ou à la PM. Dans le même temps, les PM sont plus nombreuses, mieux équipées, plus professionnelles. Certains, y compris dans ma famille politique, veulent faire « des polices bis ». C'est une erreur. La PM doit rester une police du quotidien, de proximité. »* Il précise qu'il n'est pas favorable aux « patrouilles mixtes. « La PM n'est pas là pour interpeller les voyous ». Les PM appartiennent néanmoins à la grande famille de la sécurité.

Un rapport de la Cour des comptes sur les PM en 2020 a estimé que la notion de « continuum de sécurité » n'avait pas fait l'objet d'une définition précise. Le Think Tank « Terra Nova » surenchérit en précisant que « cette notion n'avait en rien réglé la question de la répartition des missions entre services de sécurités intérieures et PM ».

Faut-il alors clarifier la répartition, sachant que tout dépend du choix du maire, pourvoyeur de fonds, de créer sa police municipale, de la voir fonctionner de telle ou telle manière ?

Faut-il créer des maisons de la sécurité regroupant les policiers nationaux, municipaux ou même sociétés privées ? De plus en plus de maires à l'exemple de celui de Nice optent pour la construction d'un Hôtel des polices commun ; comme évoqué, après l'annonce en août 2023 du ministre de l'Interieur, de construire un poste commun dans le quartier Pissevin à Nîmes, un "hôtel des polices" va bientôt voir le jour dans la commune de Cesson-Sévigné, près de Rennes. *"Il regroupera les forces de la Police municipale déjà présentes à Cesson-Sévigné ainsi que les effectifs de la Police nationale, sous la forme d'une brigade de sécurité territoriale. Cela renforcera la coordination et la synergie entre les différentes branches de l'application de la loi"*, a indiqué le représentant de l'État.

Il faut ici redire qu'un tel regroupement de forces de police qui sont de nature différente est dangereux, car il y a là un mélange des genres, des missions ; le citoyen qui va finir par ne plus faire la différence entre les forces en présence.

D'autres tentatives apparaissent : Faut-il rendre interopérable la communication radio ? L'État avance sur ce sujet avec un réseau RFF proposé aux polices municipales.

On sait combien la transmission radio entraîne la possibilité de prendre la main sur le réseau, et induit donc des conséquences en termes de donneurs d'ordre, de commandement d'une police sur une autre. Le meurtre de la policière municipale, Aurélie Fouquet en 2010, avait lancé le débat sur l'insuffisance d'informations entre les polices municipales et les forces de sécurité de l'État, à l'occasion de la fuite de braqueurs armés sur la commune. Être informé de possibles dangers par la PN ou à l'inverse, pouvoir demander des renforts d'État, apparaît important.

Mais faut-il aller jusqu'à cette interopérabilité ou bien le contact entre salles de commandement suffit-il ?

Nous penchons plutôt pour la deuxième proposition au risque que l'État ne verrouille l'action des polices municipales.

Une autre confusion est apparue, la confusion entre le respect du bon ordre et le maintien de l'ordre public :

Les polices municipales sont compétentes en matière de prévention et de surveillance du bon ordre, de la tranquillité, de la sécurité et de la salubrité publique (art L 511-1 du code de la sécurité intérieure).

Toutefois, depuis la loi fondatrice du 5 avril 1884, le législateur ne définit pas le « bon ordre ». La jurisprudence a dû y pourvoir au gré des affaires.

Il n'est pas question ici de maintien de l'ordre tel qu'effectué par des unités spécialisées de forces régaliennes : Compagnies républicaines de sécurité ou escadron de gendarmes mobiles. La loi n'autorise pas les polices municipales à effectuer des missions de maintien de l'ordre (annexe 1 de l'article L 511-4 du code de la sécurité intérieure. En aucun cas, il ne peut être confié à la PM des missions de maintien de l'ordre.

Mais dans la réalité, sur le terrain, les choses sont plus complexes, car on bascule facilement d'une mission de tranquillité publique à une mission de rétablissement ou de maintien de l'ordre, lors des rassemblements de personnes remuantes ou vindicatives.

Il s'agit alors de ne pas être placé dans une mission qui pourrait tourner à une résistance face à une foule.

Nous avons, à Paris, commencé la rédaction d'une doctrine dans ce domaine :

> *« - en matière de services d'ordre, les policiers municipaux exercent leurs missions pour des services locaux (inaugurations, fêtes locales). Néanmoins, en cas d'évènement d'ampleur, récurrent ou symbolique par le lieu ou la date, pouvant réunir un grand nombre de personnes et donc susceptible d'engager les agents en position de résistance face à la foule, ou même de rétablissement d'ordre, la police nationale restera globalement compétente sur les secteurs concernés.*
> *La police municipale pourra prendre en compte les périmètres où se situe le public, en mettant en place des points de filtrage, avec l'appui, en arrière, de la police nationale ».*
> *Parallèlement, la police municipale reste compétente en matière d'enlèvement des véhicules, de stationnement gênant ou toute autre infraction routière. »*

Le préambule de la Convention de coordination du 18 octobre 2021 rappelle dans son al. 4 : En aucun cas, il ne peut être confié à la police municipale des missions de maintien de l'ordre.

Cette doctrine est indispensable pour ne pas prendre des risques juridiques inutiles, et veiller à la sécurité des agents de la police municipale.

Conclusion

L'action des polices municipales est devenue un véritable enjeu de pouvoir.

La montée du radicalisme, l'intolérance dans un monde secoué de nouveau par des guerres, font des polices municipales dans les communes de France, un outil absolument nécessaire au bien vivre collectif.

On peut constater que bizarrement, l'État ne s'est pas emparé, ou peu, de la question. Le Beauvau des PM s'est effacé avec la dissolution de l'Assemblée nationale le 9 juin 2024.

Faut-il s'en réjouir ?

Ce transfert de compétences régaliennes, dans les mains de maires soucieux de remplir le vide laissé par l'insuffisance du nombre de policiers ou de gendarmes, inquiète, car il n'y a, derrière les actions, ni outils juridiques, ni formations, ni matériels. Les maires sont livrés à eux-mêmes, ainsi que les directeurs de police municipale et les agents ; attention toutefois aux revers de bâton du côté du Parquet (pouvoirs outrepassés), ou de la chambre régionale des comptes (par ex. sur le sujet des heures supplémentaires non effectuées).

Les débats relatifs à la police municipale parisienne rejoignent des thèmes développés au niveau national pour toutes les polices municipales : relations entre police et citoyens ; relations entre police et justice ; relations entre État et collectivités territoriales ; etc.

Ces réflexions nationales ont eu lieu entre 1884 et 2021, avec des dates charnières (1941, 1966, 1982, 1999).

À Paris, les mêmes débats sur la définition de ce que doit être la police municipale, ont eu lieu, mais dans une période plus resserrée (1975 – 2021) et de façon passionnée, voire irrationnelle, du fait de la situation et du statut de Paris : ville dense, peuplée d'une population hétérogène, frondeuse voire révolutionnaire ; théâtre de manifestations quotidiennes pouvant tourner à l'émeute ; siège des pouvoirs politiques et économiques ; dotée d'une institution policière (la Préfecture de Police) échappant au contrôle de la hiérarchie policière habituelle (la Sûreté générale puis la DGPN) ; représentée par des présidents de la République, des Premiers ministres, des ministres, des députés et sénateurs, eux-mêmes anciens ou actuels élus de Paris, chacun ayant sa propre vision de Paris, etc.

La situation actuelle (abandon de la « police de proximité », nécessité de prévention de la délinquance) a conduit à créer officiellement une police municipale à Paris.

La Police municipale parisienne se nourrit des réflexions nationales. Réciproquement, du fait de la place réelle et symbolique de la Capitale, cette nouvelle police municipale peut enrichir et inspirer les réflexions nationales sur la place de chacun dans le continuum de sécurité.

Il s'agit de savoir ce que nous voulons au sein de nos villes, à Paris comme ailleurs. Certes, les habitants veulent de la sécurité, et c'est la première des libertés ; l'État l'a toujours exercé.

Mais à côté, dans des périodes de dérèglement climatique, de radicalisme, d'impatiences diverses, de violences larvées, de stress, ne faut-il pas des agents dévoués, présents sur le terrain, chargé du bien-vivre ensemble, à qui on peut parler, et qui peuvent faire descendre la tension ? n'a-t-on pas besoin d'écoute et de réponses aux tracas de l'espace public ?

Doit-on répondre à l'inhumanité, à l'anonymat, à la violence des propos et des actes, par des caméras, des interventions urgentes de fonctionnaires surarmés ?

Il s'agit, nous le voyons bien, de construire le modèle de société du futur. C'est maintenant qu'il se détermine et les polices municipales y ont toute leur place.

ANNEXE

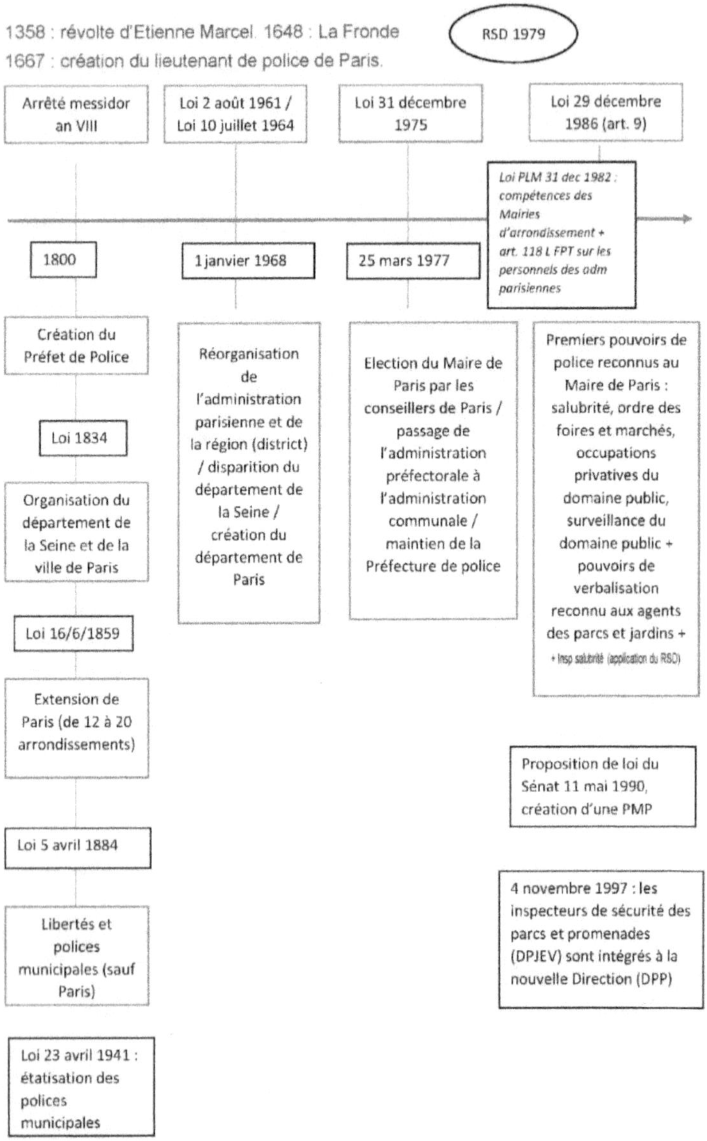
1358 : révolte d'Etienne Marcel. 1648 : La Fronde
1667 : création du lieutenant de police de Paris.
RSD 1979
Arrêté messidor an VIII
1800
Création du Préfet de Police
Loi 1834
Organisation du département de la Seine et de la ville de Paris
Loi 16/6/1859
Extension de Paris (de 12 à 20 arrondissements)
Loi 5 avril 1884
Libertés et polices municipales (sauf Paris)
Loi 23 avril 1941 : étatisation des polices municipales
Loi 2 août 1961 / Loi 10 juillet 1964
1 janvier 1968
Réorganisation de l'administration parisienne et de la région (district) / disparition du département de la Seine / création du département de Paris
Loi 31 décembre 1975
25 mars 1977
Election du Maire de Paris par les conseillers de Paris / passage de l'administration préfectorale à l'administration communale / maintien de la Préfecture de police
Loi 29 décembre 1986 (art. 9)
Loi PLM 31 dec 1982 : compétences des Mairies d'arrondissement + art. 118 L FPT sur les personnels des adm parisiennes
Premiers pouvoirs de police reconnus au Maire de Paris : salubrité, ordre des foires et marchés, occupations privatives du domaine public, surveillance du domaine public + pouvoirs de verbalisation reconnu aux agents des parcs et jardins +
+ Insp salubrité (application du RSD)
Proposition de loi du Sénat 11 mai 1990, création d'une PMP
4 novembre 1997 : les inspecteurs de sécurité des parcs et promenades (DPJEV) sont intégrés à la nouvelle Direction (DPP)

(suite)

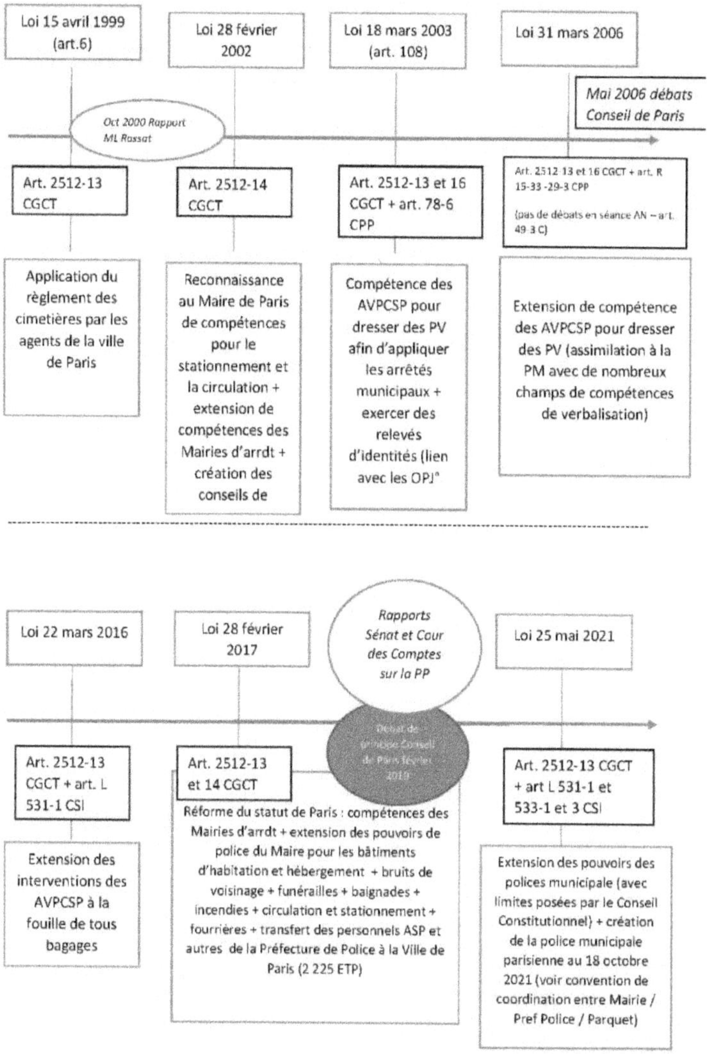
Loi 15 avril 1999 (art.6)
Loi 28 février 2002
Loi 18 mars 2003 (art. 108)
Loi 31 mars 2006
Mai 2006 débats Conseil de Paris
Oct 2000 Rapport ML Rossat
Art. 2512-13 CGCT
Art. 2512-14 CGCT
Art. 2512-13 et 16 CGCT + art. 78-6 CPP
Art. 2512 13 et 16 CGCT + art. R 15-33 -29-3 CPP
(pas de débats en séance AN – art. 49 3 C)
Application du règlement des cimetières par les agents de la ville de Paris
Reconnaissance au Maire de Paris de compétences pour le stationnement et la circulation + extension de compétences des Mairies d'arrdt + création des conseils de
Compétence des AVPCSP pour dresser des PV afin d'appliquer les arrêtés municipaux + exercer des relevés d'identités (lien avec les OPJ°
Extension de compétence des AVPCSP pour dresser des PV (assimilation à la PM avec de nombreux champs de compétences de verbalisation)
Loi 22 mars 2016
Loi 28 février 2017
Rapports Sénat et Cour des Comptes sur la PP
Loi 25 mai 2021
Art. 2512-13 CGCT + art. L 531-1 CSI
Art. 2512-13 et 14 CGCT
Art. 2512-13 CGCT + art L 531-1 et 533-1 et 3 CSI
Extension des interventions des AVPCSP à la fouille de tous bagages
Réforme du statut de Paris : compétences des Mairies d'arrdt + extension des pouvoirs de police du Maire pour les bâtiments d'habitation et hébergement + bruits de voisinage + funérailles + baignades + incendies + circulation et stationnement + fourrières + transfert des personnels ASP et autres de la Préfecture de Police à la Ville de Paris (2 225 ETP)
Extension des pouvoirs des polices municipale (avec limites posées par le Conseil Constitutionnel) + création de la police municipale parisienne au 18 octobre 2021 (voir convention de coordination entre Mairie / Pref Police / Parquet)

Table des matières

Introduction 7

Préface 9

I - Genèse des polices municipales 11

II - Une histoire controversée : la Police municipale de Paris 23

Introduction historique 23

II-1. Histoire de la police à Paris 35
II-2. Histoire de la Police municipale à Paris. Analyse des débats parlementaires et au Conseil de Paris 50
A - Les raisons de ne pas créer une police municipale parisienne 63
A-1. Raisons générales 63
A-2. Raisons spécifiques liées à Paris 64
B - Les raisons et les moyens pour créer une Police municipale 81
B-1. Les raisons de créer une police municipale parisienne 85
B-1-1. Raisons d'ordre public 85
B-1-2. Raisons de transparence et de clarification 95
B-2. Les moyens employés pour créer une police municipale 97
B-2-1. Moyens stratégiques 97
B-2-2. Moyens en ressources humaines 99
B-2-3. Moyens matériels de la PMP 100

III - Les ambiguïtés de la création d'une police municipale parisienne au travers des débats politiques 101

A - Ambiguïté sur la nécessité et le pilotage 101
B - Ambiguïté sur les compétences et les moyens d'action 103
B-1. Notions liées à la tranquillité et à la sécurité publiques 103
B-2. Compétences des agents de la police municipale 106
B-3. Effectifs mobilisés sur le terrain 107
B-4. Armement des agents de la police municipale 108

IV - L'aboutissement de la création de la Police municipale à Paris 111

V - La Direction de la Police municipale et de la Prévention de la ville de Paris 117

A - Les missions 117
B - La proximité 118
B-1. Coproduction de la sécurité et coordination des forces de sécurité 119
B-2. La proximité à Paris 127
B-3. Faut-il être armé pour faire de la proximité ? 135

VI - Les Jeux olympiques et la proximité 141

VII - La doctrine d'emploi des polices municipales. Choisir entre plusieurs impératifs contradictoires 145

A - Comment travailler avec la Police nationale ? 145
B - Quelle frontière peut-on tracer entre les compétences mutuelles de chacun ? 148
C - Notion de Continuum de sécurité 151

Conclusion 157

Annexe 159

Structures éditoriales du groupe L'Harmattan

L'Harmattan Italie
Via degli Artisti, 15
10124 Torino
harmattan.italia@gmail.com

L'Harmattan Hongrie
Kossuth l. u. 14-16.
1053 Budapest
harmattan@harmattan.hu

L'Harmattan Sénégal
10 VDN en face Mermoz
BP 45034 Dakar-Fann
senharmattan@gmail.com

L'Harmattan Cameroun
TSINGA/FECAFOOT
BP 11486 Yaoundé
inkoukam@gmail.com

L'Harmattan Burkina Faso
Achille Somé – tengnule@hotmail.fr

L'Harmattan Guinée
Almamya, rue KA 028 OKB Agency
BP 3470 Conakry
harmattanguinee@yahoo.fr

L'Harmattan RDC
185, avenue Nyangwe
Commune de Lingwala – Kinshasa
matangilamusadila@yahoo.fr

L'Harmattan Congo
219, avenue Nelson Mandela
BP 2874 Brazzaville
harmattan.congo@yahoo.fr

L'Harmattan Mali
ACI 2000 - Immeuble Mgr Jean Marie Cisse
Bureau 10
BP 145 Bamako-Mali
mali@harmattan.fr

L'Harmattan Togo
Djidjole – Lomé
Maison Amela
face EPP BATOME
ddamela@aol.com

L'Harmattan Côte d'Ivoire
Résidence Karl – Cité des Arts
Abidjan-Cocody
03 BP 1588 Abidjan
espace_harmattan.ci@hotmail.fr

Nos librairies en France

Librairie internationale
16, rue des Écoles
75005 Paris
librairie.internationale@harmattan.fr
01 40 46 79 11
www.librairieharmattan.com

Librairie des savoirs
21, rue des Écoles
75005 Paris
librairie.sh@harmattan.fr
01 46 34 13 71
www.librairieharmattansh.com

Librairie Le Lucernaire
53, rue Notre-Dame-des-Champs
75006 Paris
librairie@lucernaire.fr
01 42 22 67 13

www.ingramcontent.com/pod-product-compliance
Lightning Source LLC
LaVergne TN
LVHW021221061026
849535LV00008B/2854
* 9 7 8 2 3 3 6 5 0 1 7 3 4 *